高等职业技术院校汽车类专业

二手车鉴定与评估（第二版）习题册

王　宇　主编

中国劳动社会保障出版社

简介

本习题册是高等职业技术院校汽车类专业教材《二手车鉴定与评估（第二版）》的配套用书。习题册内容紧扣教材的教学要求，注重基础知识的巩固和基本能力的培养，知识点分布均衡，题型丰富，难易适当，有助于学生复习巩固所学知识。

本习题册由王宇主编。

图书在版编目（CIP）数据

二手车鉴定与评估（第二版）习题册 / 王宇主编 . -- 北京：中国劳动社会保障出版社，2021

高等职业技术院校汽车类专业

ISBN 978-7-5167-4968-5

Ⅰ.①二… Ⅱ.①王… Ⅲ.①汽车-鉴定-高等职业教育-习题集②汽车-价格评估-高等职业教育-习题集 Ⅳ.①U472.9-44②F766-44

中国版本图书馆 CIP 数据核字（2021）第 232548 号

中国劳动社会保障出版社出版发行

（北京市惠新东街 1 号　邮政编码：100029）

*

北京昌联印刷有限公司印刷装订　　新华书店经销

787 毫米 ×1092 毫米　16 开本　5.5 印张　129 千字

2021 年 12 月第 1 版　　2025 年 9 月第 6 次印刷

定价：13.00 元

营销中心电话：400-606-6496

出版社网址：https://www.class.com.cn

https://jg.class.com.cn

目　　录

模块一　二手车鉴定评估基本认知

任务 1　二手车鉴定评估常用术语的认知

一、填空题

1. 二手车是指从办理完________________手续到达到国家________________标准之前进行交易并转移所有权的汽车。

2. 二手车鉴定评估是指二手车________________对二手车技术状况及其价值进行鉴定评估的经营活动。

3. 二手车评估价格是指二手车鉴定评估人员按照一定的________________和评估方法，依据当地的________________要素估算的二手车现值。

4. 二手车鉴定评估机构是指从事二手车鉴定评估__________活动的第三方服务机构。

5. 二手车交易价格是二手车的最终成交________价格。

6. 汽车残值又称二手车净值或车辆残值，是指二手车在_______________所具有的价值。

7. 账面原值即二手车________，是指车主在购买或以其他方式取得________状态的车辆时，所发生的全部货币支出。

8. 二手车残值是指二手车________________时回收的材料和废料的价值。

9. 二手车鉴定评估应本着买卖双方__________的原则，不得强制进行。

10. 汽车保值率是指某品牌的某种车型在使用一段时间后，易手时的____________与________________的比率。

二、选择题

1. 二手车鉴定评估的主体是（　　）。
   A. 二手车　　B. 评估程序
   C. 评估师　　D. 评估方法和标准

2. 二手车鉴定评估的客体是（　　）。
   A. 评估师　　B. 评估程序
   C. 二手车　　D. 评估方法和标准

3. 某顾客在汽车 4S 店购买新车时，其销售发票上的价格称为（　　）。
   A. 账面原值　　B. 净值
   C. 残余价值　　D. 报废价值

4. 二手车鉴定评估以（　　）为基础。
   A. 车内鉴定　　B. 排放鉴定

C．外观鉴定　　D．技术鉴定

5．下列选项中，(　　) 不属于禁止经销、买卖、拍卖和经纪的车辆。

A．已报废或者达到国家强制报废标准的车辆

B．走私、非法拼（组）装的车辆

C．大修过的车辆

D．发动机号、车辆识别代码或者车架号与登记号码不相符的车辆

6．通常，二手车评估具有（　　）的特点。

A．以技术鉴定为基础、以单辆为评估对象、要考虑使用强度

B．要考虑税费附加值、以技术鉴定为基础、要考虑规格型号

C．以技术鉴定为基础、以单辆为评估对象、要考虑税费附加值

D．以单辆为评估对象、要考虑税费附加值、使用范围广

7．二手车评估值不是指车辆（　　）。

A．评估基准日的市场价格　　B．市场交易价格

C．清算价值　　D．交易价值

8．下列选项中，(　　) 不是二手车鉴定评估的主要方法。

A．预期收益法　　B．现行市价法

C．收益现值法　　D．清算价格法

9．二手车鉴定评估采用哪一种评估方法，取决于（　　）。

A．被评估的车辆　　B．鉴定评估的目的

C．评估师　　D．卖主

10．二手车零部件回收的价值称为（　　）。

A．账面原值　　B．净值

C．残余价值　　D．报废价值

三、判断题

1．二手车鉴定评估的目的是正确反映二手车的价格，并以此作为买卖双方成交的参考底价。（　　）

2．属于国有资产的二手车应当按国家有关规定进行鉴定评估。（　　）

3．二手车残值反映二手车报废后的残体价值。（　　）

4．确定汽车残值比较决定性的因素是车辆的技术质量以及驾驶员的驾驶习惯。（　　）

5．二手车鉴定评估的核心是对二手车某一时间点的价格进行评估。（　　）

6．二手车鉴定评估直接涉及当事人双方的权益，对评估机构和人员有较高的要求。（　　）

7．在二手车鉴定评估工作中，鉴定评估人员应当遵循客观、真实、公正和公开原则，依据国家法律法规开展鉴定评估业务。（　　）

8．对交易违法车辆的，二手车交易市场经营者和二手车经营主体应当承担连带赔偿责任和其他相应的法律责任。（　　）

9．在人民法院、人民检察院、行政执法部门依法查封、扣押期间的车辆也是可以交易的。（　　）

10．走私、非法拼（组）装的车辆不允许交易。（ ）

四、简答题

1．二手车鉴定评估有哪几种方法?

2．二手车鉴定评估有哪几个要素?

3．简述二手车鉴定评估的作业流程。

4．二手车鉴定评估的目的是什么?

5．哪几类车辆禁止经销、买卖、拍卖和经纪？

任务 2　二手车鉴定评估依据和原则的认知

一、填空题

1．二手车鉴定评估的依据是指二手车鉴定评估工作所遵循的国家相关法律、法规、__________文件以及其他参考资料。

2．在二手车鉴定评估中，人民法院出具的具有法律效力的判决书、裁定书、调解书属于__________依据。

3．坚持__________原则，是保证评估结果具有客观性的基础。

4．二手车鉴定评估产权依据是指委托鉴定评估车辆的__________的文件。

5．为了保证鉴定评估结果的客观性和准确性，对于单位价值较大的车辆，一般是对每一辆车__________进行鉴定评估。

6．二手车鉴定评估的依据一般包括__________依据、__________依据、__________依据和取价依据四个部分。

7．__________原则是二手车鉴定评估人员应该遵守的一项最基本的道德规范。

8．价格资料包括__________价格和__________价格。

9．行为依据是指__________二手车鉴定评估作业的依据。

10．在二手车交易过程中，二手车卖方应当拥有车辆的__________或者__________。

二、选择题

1．二手车鉴定评估中的取价依据主要有（　　）等。

A．安全及排放标准　　B．状态报告

C．价格资料、技术资料　　D．参数表、技术规范

2．下列选项中，属于二手车产权依据的是（　　）。

A．车牌号　　B．机动车登记证书

C．驾驶人身份证　　D．税费登记证

3．下列选项中，属于二手车评估行为依据的是（　　）。

A．二手车鉴定评估报告　　B．技术规范使用手册

C．委托书或协议书　　D．检验报告、车辆信息表

4．二手车鉴定评估应遵循（　　）的评估原则。

A．客观性、自立性、公平性、科学性、一般性

B．透明性、独立性、公平性、科学性、专业性

C．客观性、独立性、公平性、科学性、专业性

D．客观性、自立性、公平性、科学性、专业性

5．二手车鉴定评估评定依据中的技术资料主要有（　　）。

A．物价指数、股票利率　　B．参数表、技术手册

C．市场价格、银行利率　　D．检测报告、状态报告书

6．下列选项中，不属于二手车鉴定评估产权依据的是（　　）。

A．机动车行驶证　　B．机动车的来历证明

C．车辆保险单　　D．车辆维修保养记录

7．下列选项中，不属于二手车鉴定评估取价依据的是（　　）。

A．账面原值　　B．车辆维修保养记录

C．车辆保险单　　D．国家有关技术标准

8．下列选项中，不属于二手车鉴定评估行为依据的是（　　）。

A．评估业务委托书　　B．具有法律效力的判决书

C．具有法律效力的调解书　　D．机动车登记证书

三、判断题

1．二手车鉴定评估以多台车辆为评估对象。（　　）

2．我国对机动车实行“户籍”管理，使用税费附加值较高。（　　）

3．可行性原则要求二手车鉴定评估要反映真实的市场行情，充分考虑各方面的影响因素，评估结果真实可靠，能够被交易双方接受认可。（　　）

4．二手车鉴定评估人员的工作应按照关联回避原则，回避与本机构、评估人有关的当事人委托的鉴定评估业务，不受到外界因素的干扰或委托人意图的影响，公正、客观地进行鉴定评估工作。（　　）

5．在二手车鉴定评估过程中，要求评估所依据的数据、资料真实可靠。（　　）

6．随着机动车行驶里程和使用年数的增加，车辆本身的有形损失和无形损失不断加剧，

使机动车不断贬值。　　( )

7．客观性原则是指在二手车鉴定评估过程中，必须根据评估的目的，选择适用的评估标准和方法，使评估结果准确合理。　　( )

8．法律依据是指二手车鉴定评估所遵循的法律法规。　　( )

9．二手车鉴定评估的工作原则是对二手车鉴定评估机构及其工作人员鉴定评估行为的规范。　　( )

10．科学性原则是指二手车鉴定评估人员通过认真、充分的市场调研，去伪存真，使评估结果具有充分的事实依据。　　( )

四、简答题

1．二手车鉴定评估有哪些原则?

2．什么是独立性原则?

3．简述二手车鉴定评估的特点。

4．二手车鉴定评估的产权依据有哪些?

5．二手车鉴定评估的行为依据有哪些?

任务3　二手车鉴定评估基本方法的认知

一、填空题

1. 被评估车辆的陈旧贬值主要包括____________贬值、____________贬值和经济性贬值。

2. ____________法是一种最直接、最有效、最简单的评估方法。

3. 重置成本是指购置一辆全新的与被评估车辆相同的车辆所支付的____________成本。

4. ____________法主要适用于企业停业清理、抵押、破产时要出售的车辆。

5. 在运用清算价格法对企业停业清理、抵押、破产时要出售的车辆进行评估时，应以____________为标准。

6. 在运用现行市价法对二手车进行价格评估过程中，选择________或________的参照物是关键。

7. 在二手车鉴定评估时，____________法具有收集资料信息便捷、简单易行、评估结果贴近二手车的实际价格的特点，是二手车鉴定评估的常用方法。

8. 决定清算价格的主要因素包括____________形式、债权人处置____________的方式、清理费用、拍卖时限、公平市场价格和____________价格等。

9. 评估清算价格的方法主要有________________法、意向询价法和__________法。

10. ____________法在不易计算车辆未来收益或难以取得二手车市场参照车辆的条件下，可广泛使用。

二、选择题

1. 一辆二手车的重置成本价是指（　　）。

A. 二手车的售卖价格　　B. 二手车的收购价格

C. 现行公开市场上的新车价格　　D. 二手车的拍卖价格

2. 运用现行市价法评估二手车时，参照物的价格应为（　　）。

A. 新车的报价　　B. 预测的车价

C. 新车的现行市价　　D. 二手车市场的现行市价

3. 收益现值法中二手车评估值的计算，实际上是对评估车辆未来的预期收益进行（　　）的过程。

A. 折旧　　B. 折价

C. 折现　　D. 折扣

4. 采用收益现值法评估二手车价值时，其主要缺点是（　　），受较强的主观判断的影响较大。

A. 计算公式不准确　　B. 计算复杂

C. 机动车剩余使用年限不确定　　D. 预期收益预测难度大

5．采用收益现值法评估二手车的主要优点是（　　）。

A．有利于二手车的评估

B．与投资决策相结合，容易被交易双方接受

C．能客观反映二手车目前的市场情况

D．其评估参数直接从市场获得，能反映市场现实价格

6．收益现值法一般适用于（　　）的评估。

A．公务用车　　　　B．投入运营的车辆

C．私家车　　　　D．单位班车

7．决定使用重置成本法的关键因素是（　　）。

A．能获得二手车交易市场参考价格

B．能查询到相同车型新车的市场报价

C．二手车的未来收益可以预测

D．交易必须是在受迫的条件下进行

8．下列方法中，在评估二手车价值时，主要从卖者的角度考虑的是（　　）。

A．重置成本法　　　　B．收益现值法

C．现行市价法　　　　D．清算价格法

9．下列选项中，（　　）不是收益现值法依据的三要素。

A．被评估二手车的预期收益

B．被评估二手车的预期收益持续时间

C．折现率或资本化率

D．具有可比性的二手车市场价格

10．下列选项中，（　　）不是现行市价法的特点。

A．能够较为准确地反映二手车的市场情况

B．评估结果易于被各方面接受

C．必须以成熟、公开、活跃的二手车交易市场为基础

D．一般情况下，同一厂家、同一型号、同一天登记的车辆，其评估价格应该是一样的

三、判断题

1．重置成本法需要有成熟、充分发育、公开、活跃的二手车交易市场为基础。（　　）

2．重置成本法是以被评估二手车在使用状态下的价值为依据进行评估计算的。（　　）

3．现行市价法比较充分地考虑了二手车的损耗，评估结果公平、合理。（　　）

4．在二手车鉴定评估中，收益现值法与投资决策相结合，评估结果易于被交易双方接受。（　　）

5．运用现行市价法评估二手车时，参照物的价格是新车的报价。（　　）

6．现行市价法较适用于对投资运营车辆的评估。（　　）

7．收益现值法侧重于被评估车辆未来能给投资者带来多少收益。（　　）

8．清算价格法仅限于在企业停业清理、破产或抵押等特定条件下使用。（　　）

9．现行市价法能够比较客观地反映被评估车辆目前的市场情况，其评估参数、指标直

接从市场获得。 (　　)

10. 在二手车鉴定估价时，采用最多的方法是收益现值法。 (　　)

四、简答题

1. 重置成本法有哪些优缺点?

2. 现行市价法有哪些优缺点?

3. 收益现值法有哪些优缺点?

4. 清算价格法有哪些优缺点?

5. 二手车鉴定评估的方法主要有哪几种?

模块二　二手车合法性审验

任务1　二手车常规交易手续查验及补办

一、填空题

1. 二手车手续查验主要包括车辆__________、税费保险凭证、识伪、________车辆确认等内容。

2. 二手车来历凭证是指经国家工商行政管理机关验证盖章的二手车__________发票。

3. 根据《公安部关于修改〈机动车登记规定〉的决定》（公安部令第124号）规定，车辆管理所应当使用计算机登记系统办理机动车登记，并建立数据库。不使用__________登记的，登记无效。

4. 二手车税费保险凭证主要包括车辆__________完税证明、养路费缴付凭证、__________缴付凭证、车辆__________等。

5. 机动车行驶证是由公安机关交通管理部门的车辆管理所对机动车__________后核发的。

6. 对于已注册登记的机动车，机动车登记证书灭失、丢失或者损毁的，机动车所有人应当向__________车辆管理所申请补领、换领。

7. 机动车号牌是准予机动车上路行驶的________标志。

8. 二手车来历凭证分为__________来历凭证和__________来历凭证两种。

9. 保险凭证是保险人发给__________以证明保险合同已经订立或保险单已经签发的一种凭证。

10. 机动车登记证书是证明机动车__________和记录其他状况的重要凭证。

二、选择题

1. 二手车的合法手续证明一般不包括（　　）。
   A. 车辆来历证明、机动车行驶证
   B. 机动车登记证书、车辆号牌、车辆运输证
   C. 车辆购置税、机动车交强险标志
   D. 交通事故处理意见书

2. 下列选项中，（　　）是机动车的产权证明。
   A. 机动车行驶证　　B. 机动车登记证书
   C. 车辆购置税完税凭证　　D. 车辆号牌

3. 依照相关法规，二手车评估中为确认卖方的身份及车辆的合法性，应检查其是否具

有合法有效的（　　）。

A．卖方身份证、车辆号牌、机动车登记证书、机动车行驶证

B．卖方身份证、机动车安全技术检验合格标志、机动车行驶证、机动车登记证书

C．卖方身份证、车辆号牌、机动车安全技术检验合格标志、机动车行驶证

D．卖方身份证、车辆号牌、机动车登记证书、机动车安全技术检验合格标志

4．车主身份证明对于家用车辆来说是指（　　）。

A．驾驶证　　B．身份证

C．学历证　　D．结婚证

5．机动车号牌是准予机动车上路行驶的法定标志，其号码要与（　　）上的号牌号码完全一致。

A．机动车行驶证　　B．车架号

C．发动机号　　D．车辆识别代码

6．下列选项中，在核对二手车来历证明时，（　　）的车辆不需要公证书。

A．中奖　　B．经法院判决

C．赠予　　D．继承

7．依照相关法规，二手车评估中发现非法车辆、伪造证明或车牌的，擅自更改发动机号、车架号的，调整里程表的，应当（　　）。

A．照常评估其技术状态　　B．不加过问

C．及时向执法部门举报，配合调查　　D．不予评估，也不举报

8．下列选项中，（　　）的车辆不需要有变更登记记载。

A．改变车身颜色

B．更换车身或者车架

C．营运机动车改为非营运机动车

D．小微型载客汽车加装前后防撞装置

9．下列选项中，（　　）是要核查机动车行驶证时可以不做的检查项目。

A．查验机动车行驶证上的号牌号码、车辆识别代码、发动机号、车架号与车辆实物是否一致

B．发动机号、车架号是否有改动、凿痕、锉痕、重新打刻等情况

C．车辆颜色与车身装置是否与行驶证上信息一致

D．行驶证上的车主信息是否真实

10．小型汽车号牌的标准形式是（　　）。

A．黄底黑字黑线框　　B．蓝底白字白线框

C．黑底白字白线框　　D．白底黑字黑线框

三、判断题

1．二手车上路行驶的手续是指机动车上路行驶，按照国家有关规定必须办理的相关证件和必须缴纳的税、费。（　　）

2．国家税务机关监制的全国统一的二手车交易专用发票是唯一有效的二手车来历凭证。（　　）

3. 人民法院出具的发生法律效力的判决书、裁定书、调解书可以作为二手车来历凭证。（　　）

4. 二手车购买人取得二手车交易发票、机动车行驶证和机动车登记证书，就完成了车辆的所有权转移。（　　）

5. 已生效的机动车交通事故责任强制保险（简称交强险）单证或标志发生损毁或者遗失时，交强险单证或交强险标志所有人应向保险公司申请补办。（　　）

6. 当已注册登记的机动车进行过户、转出、转入、信息变更、抵押贷款、复驶和临时入境、注销等登记业务时，均需要机动车所有人或单位提供机动车行驶证。（　　）

7. 因遭受保险责任范围内的自然灾害或意外事故，造成保险车辆本身损失，保险人（保险公司）依照保险合同的规定不给予赔偿。（　　）

8. 车辆管理所应当自受理之日起三日内，确认机动车，审查提交的证明、凭证，补发、换发机动车登记证书。（　　）

9. 对机动车所有人因死亡、出境、重病、伤残或者不可抗力等原因不能到场申请补领机动车登记证书的，可以凭相关证明委托代理人代理申领。（　　）

10. 补发、换发号牌期间应当核发有效期不超过十五日的临时行驶车号牌。（　　）

四、简答题

1. 二手车交易时，需提供哪些法定证件和税费凭证？

2. 若机动车行驶证丢失，应如何进行补办？

3．若机动车登记证书丢失，应如何进行补办？

4．哪些车辆可以免征车辆购置税？

5．什么是机动车第三者责任保险？

任务2　二手车交易手续识伪检查

一、填空题

1. 机动车交通事故责任强制保险是我国唯一的__________投保的险种。

2. 机动车交通事故责任强制保险标志的印刷流水号码应能通过____________查询。

3. ____________是机动车上路行驶必须随车携带的证件，也是二手车办理过户、转籍必不可少的证件。

4. 大型新能源汽车号牌和小型新能源汽车号牌正面的两条____________线应连续清晰，且有动态景深效果。

5. 小型汽车号牌和轻便摩托车号牌字符应能____________。

6. 机动车登记证书上的车主信息应与________________上的信息一致。

7. 机动车______________是证明机动车所有权和记录其他状况的重要凭证，是机动车办理了______________的证明文件，相当于机动车的“户口簿”，由公安机关交通管理部门核发。

8. 机动车行驶证最常见的伪造形式是伪造行驶证副页上的检验____________。

9. 未加盖“征税专用章”的完税证明____________。

10. 机动车号牌与机动车行驶证一同核发，其号码与机动车行驶证应________。

二、判断题

1. 按照相关法规，没有办理机动车交通事故责任强制险的二手车也可以交易。（　　）

2. 机动车行驶证签注的内容是通过针式打印机打印的。（　　）

3. 为了防止伪造行驶证，行驶证塑封套上有用紫光灯可识别的不规则的与行驶证卡片上图形相同的暗记。（　　）

4. 机动车行驶证上应按要求粘贴车辆黑白照片。（　　）

5. 机动车登记证书上的车主信息可以与机动车行驶证上的信息不同。（　　）

6. 国家规定，机动车号牌生产实行准产管理制度。（　　）

7. 机动车号牌表面压印有公安部统一规定的号牌厂家生产暗记。（　　）

8. 对有怀疑的机动车号牌可到发证的公安车辆管理机关进行核实。（　　）

9. 机动车完税证明不得转借、涂改、买卖或者伪造。（　　）

10. 改变机动车型号、发动机号、车架号或车辆识别代码是违法的。（　　）

三、简答题

1. 简述机动车号牌的识伪方法。

2．简述车辆购置税凭证的识伪方法。

3．简述机动车行驶证的识伪方法。

4．简述机动车登记证书的识伪方法。

5．如何进行机动车保险单的识伪？

任务3 二手车可交易性的查验

一、填空题

1．利用报废车辆的零部件拼、组装的二手车＿＿＿＿＿＿交易。

2．可交易的车辆应具有法定的相应＿＿＿＿＿＿、＿＿＿＿＿＿等。

3．车辆识别代码（VIN）是汽车制造厂家为每一辆出厂的车辆预先设置的一组代码，由＿＿＿＿位阿拉伯数字和大写英文字母组成。

4．发动机号一般包含发动机＿＿＿＿＿＿、生产时间和＿＿＿＿＿＿代码等信息。

5．发动机号是车辆重要的＿＿＿＿＿＿信息。

6．机动车所有人将机动车作为抵押物抵押的，应向登记地车辆管理所申请＿＿＿＿登记；抵押权注销的，应向登记地车辆管理所申请＿＿＿＿＿＿登记。

7．机动车强制报废制度是排除道路交通＿＿＿＿＿＿、维护道路＿＿＿＿＿＿的重要制度。

8．机动车抵押登记日期、解除抵押登记日期均可＿＿＿＿＿＿查询。

9．小微型非营运载客汽车、大型非营运轿车、轮式专用机械车＿＿＿＿＿使用年限限制。

10．机动车强制报废标准是机动车到达一定的＿＿＿＿＿＿或＿＿＿＿＿＿而强制报废的一种法律制度。

二、选择题

1．凡达到强制报废标准的机动车，其所有人应将机动车（　　）。

A．赠送给学校作为实训用车　　B．交售给报废机动车回收拆解企业

C．转卖到农村　　D．转卖给机动车修理厂

2．在车辆 VIN 码中可能识别不到的信息有（　　）。

A．生产国家　　B．车辆类型

C．生产年份　　D．发动机排量

3．按我国规定，不需要具有车辆识别代码的车辆有（　　）。

A．挂车　　B．汽车

C．拖拉机　　D．摩托车

4．非营运乘用车的报废年限为（　　）。

A．10 年　　B．15 年

C．20 年　　D．无限期

5. 某私人家用轿车，已使用 2 年，转为出租，该车使用年限还有（　　）。

A. 5 年　　B. 6 年

C. 8 年　　D. 无限期

6. 车辆 VIN 码中标识车型年份的代码在第（　　）位。

A. 8　　B. 9

C. 10　　D. 11

7. 下列选项中，（　　）对判断是否为走私车基本没有帮助。

A. 查看汽车型号是否在我国进口汽车产品目录上

B. 查看是否有外文手册

C. 查看自动变速器变速杆的保险按钮是否仍在右侧

D. 观察发动机是否有重新装配和改装的痕迹

8. 对正规进口的汽车，下列叙述中不正确的是（　　）。

A. 前风窗玻璃上有黄色的商检标志

B. 必须有右驾改左驾的痕迹

C. 附有中文使用手册和维修手册

D. 汽车型号必须在我国公布的进口汽车产品目录上

9. 对拟交易车辆本身进行合法性查验时，下列选项中不属于查验项目的是（　　）。

A. 是否为走私、非法拼组装车辆

B. 是否为通过盗窃、抢劫、诈骗等违法犯罪手段获得的车辆

C. 是否为抵押期间或海关监管期间的车辆

D. 是否为大修车辆

10. 利用报废车辆的零部件拼、组装的二手车（　　）交易。

A. 通过安全排放检测可以　　B. 使用年限满 2 年可以

C. 可以　　D. 不可以

三、判断题

1. 根据机动车使用和安全技术、排放检验状况，国家对达到报废标准的机动车实施强制报废。（　　）

2. 车辆识别代码是汽车的“身份证号”。（　　）

3. 车辆识别代码常被打刻（拓印）在车架或底盘的某个部位。（　　）

4. 一般来说，合法进口的汽车风窗玻璃上标有蓝色商检标志。（　　）

5. 法律法规禁止经营的车辆可通过相关车辆管理部门进行查询确认。（　　）

6. 在抵押期间或者未经海关批准交易的海关监管车辆，也可以在二手车市场进行交易。（　　）

7. 发动机号、车辆识别代码或者车架号与登记号码不相符，或者有凿改迹象的车辆，属于严禁进入流通领域、不得进行交易的车辆。（　　）

8. 在人民法院、人民检察院、行政执法部门依法查封、扣押期间的车辆，只要有手续就可以交易。（　　）

9. 国家法律、行政法规禁止经营的车辆，不能进行交易。（　　）

10．对进口车必须查验进口产品商检证明书和商检标志。 （　　）

四、简答题

1．依据《二手车鉴定评估技术规范》（GB/T 30323—2013），简述可交易车辆查验的技术规范。

2．如何对盗窃、抢劫、诈骗等违法犯罪手段获得车辆进行查验?

3．在二手车交易中，哪些属于严禁进入流通领域、不得进行交易的车辆?

4. 对可交易车辆的查验包含哪几方面内容?

5. 如何进行走私、非法拼组装车辆的查验?

模块三　二手车技术状况鉴定

任务1　二手车静态检查

一、填空题

1．二手车静态识伪检查的目的是识别车辆的来源是否__________。

2．二手车技术状况鉴定方法主要有____________检查、____________检查和仪器检查三种方式。

3．二手车静态检查主要包括____________检查和____________检查两部分。

4．二手车静态识伪检查包括鉴别____________、拼装车辆和____________等工作。

5．非法车辆是指通过____________渠道进口的汽车。

6．二手车外观检查的方法有____________检查和____________检查。

7．车辆合法性检查是为了防止非法走私车、拼（组）装车进入汽车的_______________市场。

8．车辆在外观检查前，一般都要进行____________。

9．车体应周正，车体外缘左右对称部位高度差不大于________mm。

10．轿车轮胎胎冠上的花纹深度在磨损后应不小于________mm。

二、选择题

1．下列选项中，属于拼装汽车的是（　　）。

A．使用报废汽车的发动机及其他零部件组装的机动车

B．更换了发动机的汽车

C．更换了车身壳体的汽车

D．进口全散件或进口半散件组装的汽车

2．下列现象中，说明该处车身有过补漆的是（　　）。

A．漆面光洁度有差别　　B．反光不一样

C．板件表面出现凹凸不平　　D．有明显的橘皮状缺陷及色差

3．从外观查看二手车的技术状态时，可从车头、车门、行李舱等处查起，下列选项中不属于该检查内容的是（　　）。

A．查看发动机舱盖与左、右翼子板之间留有的缝隙是否一致

B．查看车窗玻璃的升降是否灵活

C．查看发动机舱盖与风窗玻璃之间的间隙是否一致

D．查看车漆是否正常

4．将机油滴在白纸上，若黑点里有较多的硬沥青及炭粒等，表明（　　）。

A．机油变质　　B．使用了劣质机油

C．机油滤清器工作不良　　D．发动机烧机油

5．下列选项中，（　　）不属于发动机舱检查项目。

A．检查发动机起动性能和怠速运转情况　　B．检查线束有无老化、破损

C．检查散热器格栅有无破损　　D．检查蓄电池电极桩柱有无腐蚀

6．下列选项中，（　　）不属于驾驶舱检查项目。

A．车内是否整洁、无异味　　B．天窗是否移动灵活、关闭正常

C．车内后视镜是否清晰　　D．驻车制动系统是否灵活、有效

7．下列选项中，（　　）是汽车底盘的检查要点。

A．排气管及消声器检查　　B．车轮轮毂检查

C．发动机油底壳是否渗漏　　D．备胎检查

8．下列选项中，（　　）不是功能性零部件的检查要点。

A．前、后刮水器　　B．仪表板出风管道

C．手套箱有无裂痕　　D．喇叭音色的高低

9．下列选项中，（　　）不属于二手车静态识伪的检查项目。

A．走私车辆的识伪检查　　B．盗抢车辆的识伪检查

C．拼（组）装车辆的识伪检查　　D．车辆手续的检查

10．一般来说，车轮轮胎胎肩上沿圆周五等分处有模印的“△”标志，该标志的含义是（　　）。

A．轮胎圆周等分标志　　B．轮胎胎面磨耗警报信号标志

C．车轮横向摆动量检查标志　　D．车轮径向摆动量检查标志

三、判断题

1．二手车技术状况静态检查的内容主要是二手车静态识伪检查。（　　）

2．车身外观漆面厚度的检测通常利用漆面厚度检测设备，并结合钢直尺对车身外观进行检测和判断。（　　）

3．一般汽车原装漆厚度为 100 ~ 200 μm。（　　）

4．发动机冷却液的检测必须在车辆静止的状态下进行。（　　）

5．外观检测一般通过目测进行，目测检查通常只能用于定性分析。（　　）

6．机油油位过高，说明气缸垫或散热器中的水混入曲轴箱。（　　）

7．车身地板、车身门槛、立柱、行李舱等处有锈蚀或霉味，说明车辆可能被水淹过。（　　）

8．没有通过年检的二手车也可以进行交易。（　　）

9．在走私车辆、拼（组）装车辆的识伪检查中，查验车辆来源信息可通过公安车管部门的车辆档案资料进行查验。（　　）

10．非法车辆的 VIN 码和发动机号可在我国汽车产品目录上查到。（　　）

四、简答题

1．什么是二手车静态检查？

2．二手车技术状况静态检查的内容有哪些？

3．对二手车技术状况进行静态检查时，发动机检查主要包括哪些项目？

4．对二手车技术状况进行静态检查时，车辆底部检查主要包括哪些项目？

5．对二手车技术状况进行静态检查时，车身检查主要包括哪些项目？

任务2 二手车动态检查

一、填空题

1. 一般来说，二手车技术状况的动态检查包括__________________检查和__________检查。

2. 轿车满载、初速度为 50 km/h 时的制动距离要求不得超过________m。

3. 无负荷时工况检查主要用于判断_________________性能是否完好。

4. 冷却液正常工作温度为__________________。

5. 一般来说，汽车排气颜色有________、________和________。

6. 汽油发动机正常工作时的排气颜色是________。

7. 汽车行驶平顺性是指汽车在一般行驶速度范围内行驶时，能保证乘员不会因车身________而引起不舒服和疲劳的感觉，以及保持所运货物____________的性能。

8. 汽车动力性能最常见的指标是汽车从静止状态加速至________km/h 所需的时间和最高车速。

9. 发动机启动时，一般启动不应超过________次，每次启动时间不超过________s，再次启动时间间隔应在________s 以上。

10. 汽车路试检查时，一般应行驶________km 左右的距离，通过一定里程的路试来检查汽车的技术状况。

二、选择题

1. 下列选项中，（　　）不是车辆路试的检查项目。

A. 轮胎的技术状况　　B. 传动系技术状况

C. 转向系技术状况　　D. 制动系技术状况

2. 下列选项中，（　　）不能用路试检查。

A. 传动系技术状况　　B. 转向系技术状况

C. 侧滑量　　D. 车辆制动性能

3. 机动车动态检查是指车辆（　　）检查。

A. 静止　　B. 路试

C. 发动　　D. 行驶

4. 车辆在（　　）次以内能够顺利起动，说明起动性能良好。

A. 1　　B. 2

C. 3　　D. 4

5. 下列指标中，不属于汽车动力性指标的是汽车的（　　）。

A. 加速能力　　B. 通过能力

C. 最高车速　　D. 爬坡能力

6．下列指标中，不属于汽车制动性指标的是（　　）。

A．制动效能　　B．制动时的方向稳定性

C．加速时间　　D．制动抗热衰退性

7．汽油机排气颜色为蓝色，说明（　　）。

A．混合气过浓或点火时刻过迟，造成燃烧不完全

B．冷却液温度过低

C．有机油窜入气缸燃烧室内参与燃烧

D．以上选项都不正确

8．车辆起动前踩下制动踏板，保持（　　）s，踏板无向下移动的现象，说明制动系统工作良好。

A．1 ~ 5　　B．5 ~ 10

C．10 ~ 15　　D．15 ~ 20

9．下列选项中，（　　）不属于发动机工作性能检查要点。

A．车辆起动是否顺畅

B．防抱死制动系统（ABS）工作是否正常

C．车辆排气有无异常

D．蓄电池电压是否正常

10．对汽车做动态检查时，下列选项中不属于路试检测的项目是（　　）。

A．轮胎磨损程度　　B．滑行情况

C．加速性能　　D．制动性能

三、判断题

1．机油正常工作温度为 80 ~ 90 ℃。（　　）

2．汽车行驶稳定性是指汽车行驶过程中保持直线行驶的能力。（　　）

3．若踩下制动踏板有类似于踩到海绵感，说明制动管路有泄漏。（　　）

4．制动效能是指汽车在粗糙路面上以一定初速度开始制动直至停车的制动距离和制动减速度。（　　）

5．路试时，若离合器发抖或有异响，说明离合器摩擦片磨损严重。（　　）

6．如果在车头前听到杂音，说明发动机机件磨损严重。（　　）

7．如果排气管冒黑烟，说明混合气过浓或点火时间过迟。（　　）

8．若离合器自由行程过大，说明离合器摩擦片磨损严重。（　　）

9．对于最高设计车速大于等于 100 km/h 的机动车，转向盘的最大自由转动量应小于等于 15°。（　　）

10．汽车转弯时，若感觉车身侧倾过大，可能是横向稳定杆衬套或减振器磨损严重。（　　）

四、简答题

1．什么是二手车动态检查？

2. 二手车技术状况动态检查主要有哪些内容?

3. 对二手车进行技术状况动态检查时，路试检查主要包括哪些项目?

4. 简述二手车动态检查的工作步骤。

5. 路试检查前应做好哪些检查工作?

任务3　二手车性能仪器检查

一、填空题

1. 气缸压力表是检测发动机________________的常用检测设备。
2. 汽车万用表是检测汽车____________时最常用的仪表之一。

3．汽车排气的污染物主要包括________、________、________、硫化物、碳烟及其他一些有害物质。

4．在空载状态下，驻车制动装置应能保证机动车在坡度为__________的坡道上正、反两个方向保持固定不动。

5．通过对发动机气缸压力的检测，可以判断___________的密封状况。

6．真空表主要用于检测汽车发动机_______________的大小。

7．汽车四轮定位参数通常用___________来检测。

8．一般来说，主销后倾角和主销内倾角与车辆________部件有关，在车辆设计时已经设计好，一般情况下不能改变。

9．检测发动机有效功率的方法有___________和___________两种。

10．我国规定检测柴油机烟度的烟度计采用_______________。

二、选择题

1．汽车在用发动机的功率不得低于额定功率的（　　）。

A．0.8　　　　B．0.75

C．0.85　　　　D．0.7

2．《机动车运行安全技术条件》（GB 7258—2017）中规定，驻车制动力应大于等于整车重量的（　　）。

A．-5%　　　　B．20%

C．5%　　　　D．0.50%

3．（　　）不用于检测汽车排放污染物。

A．废气分析仪　　　　B．不透光仪

C．气缸漏气检测仪　　　　D．烟度计

4．相对气缸压力低，不可能是（　　）造成的。

A．活塞磨损过度　　　　B．气缸磨损严重

C．曲轴轴颈磨损严重　　　　D．气门不密封

5．如果发现机油的颜色变灰、变白或有乳化现象，说明（　　）。

A．机油中混入水　　　　B．烧机油

C．长时间没有更换机油　　　　D．机油中杂质多

6．在侧滑试验台上测试汽车前轮侧滑量时，如滑动板向外侧滑动是因为（　　）。

A．前轮外倾　　　　B．前束值过大

C．前轮外倾与前束之间的作用　　　　D．前束值过小

7．检测气缸压力时，如果两次检查结果均表明相邻两缸压力很低，最大的可能性为这两缸的（　　）。

A．相邻处气缸垫烧损　　　　B．进、排气门封闭不严

C．压缩比偏小　　　　D．活塞环磨损严重

8．下列选项中，（　　）不用于检测发动机气缸密封性。

A．发动机气缸压力表　　　　B．解码仪

C．气缸压力测试仪　　　　D．进气管真空表

9．发动机的动力性指标主要是指（　　）。

A．调速能力　　B．发动机排量

C．有效功率与有效转矩　　D．转速

三、判断题

1．发动机功率与海拔高度有密切关系，海拔越高则发动机功率下降越多。（　　）

2．若气缸压力检测结果低于规定值，有可能是气缸套与活塞环等磨损过度。（　　）

3．进行制动力检测时，汽车、汽车列车各车轮的阻滞力均应小于等于轮荷的10%。（　　）

4．对液压制动的汽车来说，制动协调时间应不大于0.35 s。（　　）

5．有关标准规定，在用车发动机的气缸压力不得低于原设计额定压力的95%。（　　）

6．在汽车排气污染物中，HC是燃料不完全燃烧的产物，是汽车尾气中浓度最高的有害成分。（　　）

7．后倾角越大，车速越高，稳定力矩越大；但后倾角不宜过大，否则在转向时会导致转向沉重。（　　）

8．汽车制动系统技术状况的变化直接影响汽车行驶稳定性。（　　）

9．进气管真空度随海拔的升高而降低。（　　）

四、简答题

1．什么是二手车检测仪器检查？

2．如何进行发动机无负荷工况检查？

3．四轮定位仪有哪些检测项目？

4．汽车车轮定位的作用是什么？

5．简述气缸压力的检测步骤。

模块四　事故车判别与评估

任务 1　事故车的认知

一、填空题

1．车辆自燃是指在____________外界火源的情况下，由于本车电器、线路、供油系统等车辆____________原因发生故障或所载货物____________原因起火燃烧。

2．依据《道路交通事故车辆安全技术检验鉴定》（GA/T 642—2020）规定，按照车辆损坏状况，将事故车分为具有____________能力的事故车辆和失去____________能力的事故车辆两类。

3．一般情况下，将经轻微撞击、剐蹭，只损伤到前、后保险杠及其相关附件包括车身外覆盖件的车辆，称为____________。

4．一般来说，二手车事故按照发生的原因可分为____________事故、____________事故和____________事故三种。

5．汽车碰撞事故可分为____________事故和____________事故两种。

6．从机动车保险角度定义车辆火灾，是指被保险机动车本身以外的____________引起的、在时间和空间上失去控制的燃烧（即有热、有光、有火焰的剧烈的氧化反应）所造成的灾害损失。

7．按照起火原因，汽车火灾可分为__________、引燃、__________起火、雷击起火和__________起火五种类型。

8．按碰撞损伤程度不同，汽车碰撞损伤可分为_______________、_______________和____________。

9．水淹事故车是指被____________的车辆。

10．车辆涉水行驶时被淹是指汽车在水中______________过程中，______________由于吸入大量的水而引起熄火，或汽车强行涉水未果、发动机熄火被淹导致______________直接损坏。

二、选择题

1．泡水车是指（　　）。

A．涉水深度超过车轮半径的车辆

B．涉水深度超过车轮的车辆

C．涉水行驶过的车辆

D．涉水深度超过发动机舱盖、达到前风窗玻璃下沿的车辆

2．下列选项中不属于事故车的是（　　）。

A．泡水车　　B．大修车

C．严重碰撞或撞击的车辆　　D．过火车辆

3．碰撞损伤程度不包括（　　）。

A．一般损伤　　B．中等损伤

C．严重损伤　　D．报废

4．积水几乎完全没过轮胎，车内的水位将车辆座椅的坐垫、中央扶手区完全淹没，该车属于（　　）级水淹车。

A．二　　B．三

C．四　　D．五

5．关于车辆自燃，下述叙述中不正确的是（　　）。

A．由于车辆线路发生故障起火的燃烧

B．由于车辆供油系统发生故障起火的燃烧

C．由于车辆所载货物起火的燃烧

D．由于车辆发生意外撞击所引起的起火燃烧

6．对于碰撞事故车，直接碰撞点为车辆左前方，下列选项中（　　）损伤不属于该碰撞点造成的损伤。

A．前保险杠　　B．左前翼子板

C．蓄电池　　D．左前照灯

7．下列选项中不属于报废机动车的是（　　）。

A．已达到国家机动车强制报废标准规定的车辆

B．已达到地方制定的有关报废规定的车辆

C．交通事故车辆

D．连续3次检验不符合国家《机动车运行安全技术条件》规定的车辆

8．关于强制报废车，下述叙述中不正确的是（　　）。

A．已达到规定使用年限的二手车

B．经修理和调整，大气排放污染物或者噪声不符合国家标准的在用车

C．更换了车身壳体的二手车

D．经修理和调整，仍不符合《机动车运行安全技术条件》规定的在用车

9．关于一般损伤，下述叙述中不正确的是（　　）。

A．只需要更换或修理少数零部件就可以恢复的损伤

B．通过喷漆即可修复的损伤

C．因追尾造成的前保险杠损伤

D．因碰撞造成的悬架系统损伤

10．下列选项中，（　　）的车辆可认为是四级水淹车。

A．积水完全没过发动机舱盖

B．车内的水位上升至车辆仪表板

C．中央扶手区完全淹没

D．车内的水位可能会影响车辆座椅的调节电动机等电器部件

三、判断题

1．车厢进水，水位线超过仪表板台面、顶篷以下的水淹车，属于六级水淹车。（　　）

2．无论是自燃还是外燃，只要发动机舱或乘员舱发生严重火烧，燃烧面积较大，机件损坏严重，就应列为事故车。（　　）

3．碰撞损伤车辆由于碰撞造成的各种意外损伤，导致对碰撞事故车的鉴定不同于一般的二手车。（　　）

4．汽车发生碰撞后，常称为发生了事故，发生了事故就一定会产生事故车。（　　）

5．不同车身结构的汽车发生碰撞事故时，其损伤或损坏的程度没有什么区别。（　　）

6．车辆停驶时被淹造成的损伤常根据水淹高度不同而不同。（　　）

7．一般来说，保险公司在对水淹车定损时，常会根据水淹高度的不同来确定损失。（　　）

8．直接损伤是指离碰撞点有一段距离的损伤，通常是因为碰撞力传递而导致的。（　　）

9．车辆停驶时被淹是指在车辆停驶的静止状态下，被暴雨或洪水侵入甚至被淹导致的发动机气缸进水且未再次启动发动机。（　　）

10．凹陷一般是由正面碰撞或追尾碰撞引起的。（　　）

四、简答题

1．从二手车鉴定评估实践角度是如何定义事故车的？

2．按照汽车碰撞后导致的损伤现象不同，汽车碰撞损伤可分为哪几种？

3．什么是褶皱或压溃损伤？

4. 根据水淹高度的不同情况，可将水淹车分为哪几级？

5. 在路上行车过程中，当驾驶员突遇障碍物时，驾驶员反应对车辆碰撞方向会产生什么影响？

任务2　事故车的判别

一、填空题

1. 汽车车身结构有两种基本类型，即____________车身和____________车身。

2. 事故造成车身的损坏特征，主要是骨架____________变形、断裂和____________面板的刮裂、凹陷和皱叠等。

3. 车身后部的变形主要是由____________或____________事故造成的。

4. 按一般碰撞损伤的顺序，承载式车身结构最先出现____________变形，然后出现____________变形、扩宽变形，最后出现____________变形。

5. 大部分汽车的火烧事故发生在____________内。

6. 只要发动机舱或乘员舱发生严重火烧，燃烧面积较大，机件损坏严重，该车辆就属于____________。

7. 车身经火焚烧超过车身面积________m^2的车辆属于事故车。

8. 后部车身的变形大致可通过行李舱盖开关的____________，以及与行李舱接合的____________来判定。

9. 车身前部的变形主要是由____________碰撞事故造成的，其变形倾向与碰撞冲击力的大小、方向和碰撞对象有关。

10. A、B、C柱内外侧面漆存在色差，可以判断车辆受过____________，且伤及车身A、B、C柱。

二、选择题

1. 对于承载式车身，（　　）是通过铰链安装的。
   A. 发动机舱盖　　B. 翼子板
   C. 保险杠　　D. 前格栅
2. 下列选项中，（　　）不能说明发动机舱盖可能经过修理。
   A. 内板凸筋的形状不顺畅　　B. 内板凸筋有折痕
   C. 内护板很新　　D. 更换过发动机舱盖铰链
3. 车门垂直方向缝隙变大，车门宽度方向有皱褶，说明车架可能有（　　）。
   A. 左右弯曲　　B. 上下弯曲
   C. 菱形变形　　D. 扭曲变形
4. 发动机舱盖有明显错位现象，说明车架可能有（　　）。
   A. 左右弯曲　　B. 上下弯曲
   C. 菱形变形　　D. 扭曲变形
5. 翼子板与车门之间在顶部变窄、在下部变宽，说明车架可能有（　　）。
   A. 左右弯曲　　B. 上下弯曲
   C. 菱形变形　　D. 扭曲变形
6. 车身壳体某些部位比正常位置低（或高），说明车架可能有（　　）。
   A. 左右弯曲　　B. 上下弯曲
   C. 菱形变形　　D. 扭曲变形
7. 鉴别事故车辆时，发动机舱内无须检查的系统是（　　）。
   A. 冷却系统和进气系统　　B. 润滑系统和供油系统
   C. 点火系统　　D. 曲柄连杆机构
8. 下列选项中，（　　）说明车辆可能没有发生过严重碰撞。
   A. 车门门口线条有类似波浪的情形　　B. 车门门槛磨损严重
   C. 车门门槛线型不平直　　D. B 柱有焊接的痕迹
9. 通过测量发现，车身某部位的高度超出配合公差标准，说明车辆可能发生过（　　）。
   A. 左右弯曲　　B. 断裂
   C. 上下弯曲　　D. 菱形变形
10. 下列选项中，（　　）不是承载式车身结构的碰撞损伤类型。
    A. 弯曲　　B. 断裂
    C. 菱形变形　　D. 扭曲

三、判断题

1. 碰撞或撞击后，车架大梁弯曲变形、断裂后修复的车辆属于事故车。　（　　）
2. 水箱及水箱支架被撞伤后修复或更换后的车辆不属于事故车。　（　　）
3. 车身后翼子板碰撞后被切割或更换后的车辆不属于事故车。　（　　）
4. 一般情况下，将经轻微撞击、剐蹭，只损伤到前后保险杠及其相关附件包括车身外

覆盖件的车辆，称为事故车。 ( )

5．在事故车鉴别过程中，较大的碰撞损伤只用目测来鉴别是不够的，必须借助相应的现代化工具及仪器设备。 ( )

6．经过严重撞击，损伤到发动机舱和驾驶舱的车辆不属于事故车。 ( )

7．A、B、C 柱有焊接、切割、整形、变形的车辆属于事故车。 ( )

8．散热器（水箱）支架有碰撞损伤的车辆不属于事故车。 ( )

9．追尾是车辆行驶过程中经常发生的事故之一。 ( )

10．车辆涉水深度超过车轮半径行驶后的车辆属于泡水车。 ( )

四、简答题

1．依据《二手车鉴定评估技术规范》（GB/T 30323—2013），哪些车体部位出现变形、扭曲、更换、烧焊和褶皱等缺陷时，即认定该车为事故车？

2．车身变形有何特点？

3．简述事故车损伤判别的工作流程。

4．简述事故车判别的基本标准。

5．简述承载式车身结构发生碰撞后的变形特点。

任务3 事故车鉴定评估

一、填空题

1．事故车鉴定评估是指根据鉴定评估___________，对事故车进行技术状况鉴定，确定某一时点________的过程。

2．在事故车价值评估时，一般情况下推荐使用___________法对车辆价值进行估算。

3．事故机动车鉴定评估档案保存期限为________年。

4．对相关证照齐全、符合“可交易车辆”的判别，或者司法机关委托等特殊要求的车辆，可签署二手车鉴定评估___________。

5．鉴定二手车技术状况按照______________、______________、驾驶舱、起动、路试、

________等项目顺序检查车辆技术状况，并填写车辆技术状况检查____________。

6．减振器座有焊接、切割、整形、变形的车辆属于____________。

7．保险公司在对水淹车定损时，对车厢内未进水（或少量进水，仅表现为潮湿）情况的“水淹”车，定级为________级水淹车。

8．积水完全没过发动机舱盖，此刻几乎所有的车内电器设备都将受到积水影响的水淹车，属于________级水淹车。

9．当车辆发生侧面碰撞时，汽车遭受的侧向力较大，惯性作用会使另一侧车身________。

10．汽车水淹事故大多发生于____________造成的水淹，或汽车由于____________掉入河塘中造成的水淹。

二、选择题

1．在碰撞事故中，容易受到损伤的发动机部件是（　　）。

A．曲轴　　B．连杆

C．散热器　　D．活塞

2．在检查车体是否周正时，车体外缘左右对称部位的高度差不应大于（　　）mm。

A．30　　B．40

C．50　　D．60

3．在确定是否为泡水车时，发动机舱内（　　）不是重点检查部位。

A．前围上盖板　　B．线束

C．保险盒　　D．前纵梁

4．在确定是否为泡水车时，驾驶室内（　　）不是重点检查部位。

A．地毯　　B．座椅

C．安全带　　D．转向柱裸露的金属部位

5．下列选项中，（　　）不能说明该车为过火车辆。

A．发动机舱内外有近期喷漆的痕迹

B．发动机舱有大量线束更换过的迹象

C．发动机舱内塑料有更换过的迹象

D．火花塞有更换过的迹象

6．下列选项中，（　　）不能说明该车为严重碰撞事故车辆。

A．车架左右纵梁弯曲变形、断裂后修复或更换过

B．散热器支架和悬架安装部位被撞伤后修复或更换过

C．车身后翼子板碰撞后修复或更换过

D．发动机舱盖铰链更换过

7．车顶纵梁、后顶盖侧板有向下弯曲的折痕，说明车辆可能发生过（　　）。

A．前部碰撞　　B．中部碰撞

C．后部碰撞　　D．顶部碰撞

8．揭开车辆地毯，发现底板有明显的焊接痕迹，说明车辆可能（　　）。

A．出过交通事故　　B．使用年限较长

C．失过火　　D．被偷盗过

9．测量发现，发动机舱对角尺寸不相等，说明车辆此处可能发生过（　　）。

A．左右弯曲　　B．上下弯曲

C．扭曲变形　　D．菱形变形

三、判断题

1．只要在发动机舱或乘员舱发生过火烧现象的车辆，不管着火大小统称为过火车辆。（　　）

2．纵梁有焊接、切割、整形、变形的车辆属于事故车。（　　）

3．车身经水浸泡超过车身高度三分之一的，或积水进入驾驶舱的车辆属于事故车。（　　）

4．为进一步明确事故的性质及严重程度，解决客户的疑虑，需对事故车进行定量、客观的鉴定评估。（　　）

5．因撞击造成汽车安全气囊弹出的车辆不属于事故车。（　　）

6．车身检测的首要目的是看“伤”，即看二手车有没有严重碰撞的痕迹。（　　）

7．车辆事故的发生会导致车辆机械性能、经济价值下降。（　　）

四、简答题

1．在进行二手车评估时，应如何判断二手车是否为水淹事故车？

2．简述事故车鉴定评估的工作流程。

模块五　二手车价值评估

任务1　重置成本法

一、填空题

1．无论国产或进口车辆，尽可能采用国内____________________作为车辆评估的重置成本全价。

2．对于已淘汰车型或进口车型或新车型，查询不到现时市场价格时，采用__________法来确定重置成本是一种很好的办法。

3．车辆的使用年限主要反映二手车的使用时间对其____________的影响。

4．运用重置成本法时，需要一个或几个类似的__________与被评估车辆进行对比分析。

5．用综合分析法计算二手车的成新率一般适用于____________的二手车评估。

6．用部件鉴定法来求成新率一般适用于____________的车辆评估。

7．综合分析法是以________________为基础，以调整系数方式综合考虑影响二手车价值和使用寿命的多种因素，从而确定成新率的一种方法。

8．重置成本法是指在________条件下重新购置一辆全新状态的被评估车辆所需的全部成本，减去该被评估车辆的________贬值、________贬值和________贬值后的差额作为被评估车辆现时价格的一种方法。

9．折扣率是人们对新旧机动车的偏好不同以及市场实现的难易程度，在二手车基础价值的基础上再减去一定的________，从而估算出被评估二手车的价值。

10．重置成本法的运用前提条件是适用于车辆处于_________状态、车辆已经__________或车辆能够____________前提下的二手车鉴定评估。

二、选择题

1．汽车无形损耗的原因是（　　）。

A．缴纳车辆购置税　　　　B．缴纳保险税

C．缴纳公路养路费　　　　D．有性能提升、价格下降的新车型推出

2．一次性功能性贬值是由于技术进步引起劳动生产率提高，再生产同样的车辆，所需（　　）减少、成本降低，从而造成原有车辆贬值。

A．本厂的劳动时间　　　　B．车辆运输销售时间

C．社会劳动时间　　　　D．装配制造时间

3．机动车实体性贬值在车辆（　　）就开始发生。

A．开始使用后　　　　B．进行二手车交易后

C．制造完工后　　D．销售以后

4．（　　）是汽车在存放使用过程中，由于物理和化学原因而导致车辆实体发生的价值损耗，即因为自然力的作用而发生的损耗。

A．有形损耗　　B．无形损耗

C．实体性贬值　　D．经济性贬值

5．由于科学技术发展和生产力水平提高而使车辆发生无形损耗导致的车辆贬值为（　　）。

A．功能性贬值　　B．一次性贬值

C．实体性贬值　　D．经济性贬值

6．采用重置成本法评估二手车时，一般使用的是（　　）。

A．折旧成本　　B．更新重置成本

C．复原重置成本　　D．税后成本

7．（　　）不是影响汽车经济性使用寿命的主要因素。

A．汽车的损耗　　B．使用条件

C．使用强度　　D．大修次数

8．用综合分析法来确定成新率时，综合调整系数取值应考虑五项影响因素，分别为（　　）。

A．技术状况、维护保养、制造质量、工作性质、安全条件

B．技术状况、维护保养、制造质量、实体性贬值、工作条件

C．技术状况、维护保养、排放水平、工作性质、工作条件

D．技术状况、维护保养、制造质量、工作性质、工作条件

9．用直接观察法来确定车辆的实体性贬值，其准确性取决于（　　）。

A．设计水平　　B．使用经验

C．实际评估经验　　D．制造水平

10．用直接法确定重置成本，关键是获得市场价格资料，在同等条件下，评估人员应选择可能获得的（　　）。

A．经销商报价　　B．最低市场售价

C．最高市场售价　　D．以上选项都不对

三、判断题

1．重置成本法比较充分地考虑了被评估车辆的各种损耗，评估结果更趋于公平合理，有利于二手车的评估。（　　）

2．实体性贬值是由科学技术进步导致的车辆实体性的价值损失。（　　）

3．经济性贬值与外部环境、车辆结构及车辆配置有关。（　　）

4．车辆的功能性贬值是由车辆内部因素引起的车辆现时价值的降低。（　　）

5．经济性贬值是由于车辆本身或内部因素所引起的达不到原有设计的获利能力而造成的贬值。（　　）

6．营运性功能贬值是由于设计水平和制造技术的提高，从而导致车辆营运成本增加而产生的营运性贬值。（　　）

7．行驶里程数主要反映汽车运行条件的差别和汽车停驶期间的自然损耗。（　　）

8．虽然重置成本法的评估工作量较大，但其经济性贬值易准确计算。（　　）

9．一般来说，待评估车辆的重置成本是其评估价格的最大可能值。（　　）

10．二手车的各种陈旧性贬值包括实体性贬值、功能性贬值和经济性贬值。（　　）

四、简答题

1．重置成本法的含义是什么？

2．重置成本法有何特点？

3．简述重置成本法运用的前提条件。

4．计算成新率的方法有哪几种？

5．在二手车鉴定评估时，应如何确定二手车陈旧贬值？

五、计算题

1．吴勇于 2012 年 11 月用 32.98 万元购置了一辆奥迪 A4L 35 TFSI 轿车作为家庭用车，于 2019 年 10 月在本地二手车交易市场交易。评估人员检查后确认该车初次登记日期为 2012 年 12 月，基本作为市内交通工具使用，累计行驶 12.9 万公里，维护保养情况一般，路试车况不理想。2019 年该车的市场新车价格为 28.68 万元。试用综合分析法计算该车的成新率，并评估该车价值。

2．一辆北京现代出租车，初次登记日期为2013年4月，2018年10月公司欲将该出租车对外转让，现已知该款全新车的市场销售价格为7.8万元，该车常年工作在市区或市郊，工作强度大，但工作条件较好。经检查其维护保养频率较低，整车技术状况一般。考虑车辆购置税为10%，其他税费不计。使用综合分析法计算该车的成新率，并评估该车价值。

3．李先生欲出售一辆进口奥迪轿车，至评估基准日期止，该车已使用了 1 年 8 个月，累计行驶里程为 1.8 万公里。经现场查勘，该车车身有两处擦伤痕迹，驾驶座椅电动装置工作不良，前悬架存在局部故障，左前电动车窗升降不良，其他车况均与车辆的新旧程度相符。试计算该车成新率。

4．李先生欲出售一辆奥迪 A4L 2010 款 2.0 TFSI 舒适型家用轿车。该车行驶里程为 13.5 万公里，2010 年 8 月初次注册登记，至评估基准日该车已使用 10 年 1 个月，新车含税价格为 35.81 万元，车主口述该车过户过 2 次。

二手车评估师依据《二手车鉴定评估技术规范》（GB/T 30323—2013）的评定标准对该车进行了检查。经检查该车外观未发现钣金损坏、车漆色差，但多处喷漆（左前车门 19HH3、左后车门 21HH3 等处有划痕喷漆，面积大于 200 mm × 300 mm；左后翼子板 16HH2、前保险杠 26HH2、后保险杠 27HH2 等处有划痕喷漆，面积大于 100 mm × 100 mm，小于或等于 200 mm × 300 mm），喷漆修复后对车辆外观和安全性能没有影响；外观少量更换（左前翼子板更换、左后车门玻璃更换、左前车门玻璃更换）；发动机、变速器工况正常，怠速规律、无抖动，转向灵活，灯光系统正常，综合车况较好；随车工具不全。

根据检查结果确定车辆技术状况的总分值＝Σ项目分值 = 94 分。试计算该车的评估价格。

任务2　现行市价法

一、填空题

1．运用现行市价类比法时，所选参照车辆的________时间与被评估车辆的___________越接近越好。

2．现行市价法评估结果易于被各方面理解和接受，但需要有一个___________的市场环境，需要存在大量的评估参照物。

3．在二手车交易市场上，二手车交易越___________，与被评估相似的车辆价格越___________被获得。

4．运用现行市价法确定单台车辆价值时，通常采用___________法和___________法。

5．现行市价法能够客观地反映二手车目前的市场情况，符合市场经济规律，其评估的参数、性能指标等可_________从市场获得，评估值能够反映二手车交易市场的________价格。

6．直接法是指在二手车交易市场上能找到与被评估车辆_______________车辆的现行市场价格，并将其价格直接作为被评估车辆评估价格的一种方法。

7．现行市价法是指通过比较被评估二手车与市场上最近出售的________或________车辆的差异，并根据________或________车辆的市场价格进行调整，从而确定被评估车辆价值的一种方法。

8．运用现行市价法时，参照车辆的选择一般应在________以上，应首先考虑市场上已成交的交易案例中的汽车作为参照物。

9．价格指数法以___________的成交价为基础，考虑参照车辆的成交时间与被评估车辆评估基准日的时间差异对二手车价值的影响。

10．运用现行市价法时，所选定的类比车辆必须具有___________。

二、选择题

1．在用现行市价法评估二手车时，参照车辆与被评估车辆完全相同，参照物的市场价为6.8万元，则被评估车辆的评估价为（　　）万元。

A．7.0　　B．6.0

C．6.8　　D．6.5

2．应用现行市价法评估二手车的价格，其必要条件是（　　）。

A．公平和有效市场　　B．任何市场均可

C．公平市场　　D．有效市场

3．只要参照物车辆与被评估车辆的类别相同、主参数相同、结构性能相同，只是生产顺序号不同，只经过局部改变的车辆，则可认为是（　　）。

A．完全相同　　B．大部分相同

C．完全不同　　D．部分相同

4．参照物的市场价格必须是（　　）。

A．市场实际报价　　B．卖方要的价格

C．实际的市场交易价格　　D．市场预测的价格

5．在用现行市价法评估二手车时，参照物价格应为（　　）。

A．新车的报价　　B．预测的车价

C．新车的现行市价　　D．二手车市场的现行市价

6．有效市场的条件是（　　）。

A．信息是真实可靠且市场是活跃的　　B．市场是有市无价的

C．信息是真实的　　D．市场是活跃的

7．应用现行市价法评估二手车时，参照车辆与被评估车辆完全相同时，应使用（　　）进行评估。

A．直接法　　B．间接法

C．类比法　　D．相似比较法

8．因为二手车的技术状况和市场价格随时间变化而变化，所以（　　）是非常重要的参数。

A．评估基准日　　B．检验日期

C．车辆的出厂日期　　D．初次注册登记日

9．对于现行市价法，关于二手车交易的可比性叙述中，下列选项中不正确的是（　　）。

A．参照的二手车在近期市场上交易过

B．参照的二手车型号及使用年限相同

C．与参照的二手车相比较的指标、技术参数资料可收集

D．价值影响因素明确，可以量化

10．下列选项中，（　　）不是现行市价法的特点。

A．能够较为准确地反映二手车的市场情况

B．评估结果易于被各方面接受

C．必须以成熟、公开、活跃的二手车交易市场为基础

D．一般情况下，同品牌型号、同一天登记的车辆，其评估价格应该是一样的

三、判断题

1．在运用现行市价法时，所选参照车辆与被评估二手车的比较因素越近越好，若比较因素相差较大，对评估价格影响不大。（　　）

2．一般来说，参照车辆与被评估车辆完全相同，其即可作为评估过程中的参照车辆，该二手车的评估价值与参照车辆的现行市场价格相同。（　　）

3．现行市价法参照曾经交易过的二手车价格作为被评估车辆的评估价格。（　　）

4．二手车销售数量多少对二手车的成交单价会产生影响。（　　）

5．车辆物价变动指数是指通过已掌握的历年车辆价格指数，计算得到的反映车辆价格变动趋势的指标。（　　）

6．若参照车辆的交易时间在评估基准日之前，可采用价格指数法将销售时间差异量化并调整。（　　）

7. 运用直接法评估车辆价格，必须收集大量交易案例，才能准确掌握正常的市场价格行情。 ( )

8. 现行市价法要求二手车鉴定评估人员经验丰富，熟悉车辆的鉴定评估程序、鉴定方法和市场交易情况。 ( )

9. 所谓车辆完全相同是指它们的型号、使用条件和技术状况相同，生产和交易时间相近。 ( )

四、简答题

1. 什么是现行市价法？

2. 利用现行市价法进行市场调查，选择评估参照车辆时，应注意哪些问题？

3. 考虑被评估车辆与参照车辆之间的差异性，如何计算被评估车辆的评估值？

4. 现行市价法有何特点？

5. 简述运用现行市价法的前提条件。

五、计算题

张先生有一辆长安逸动家用轿车欲转让，于 2017 年 8 月委托某二手车鉴定评估机构估价。该车于 2013 年生产，行驶里程为 8 万公里，保养正常，无重大事故记录。经检验无故障，车况良好。试用现行市价法对该车进行价格估算。

任务3　收益现值法

一、填空题

1．收益现值法一般适用于____________车辆的价值评估。

2．收益现值法是指运用适当的____________，将被评估物未来的预期收益折算成____________，来估算被评估物价值的一种方法。

3．对于二手车评估而言，收益现值法是将被评估的车辆在____________期限内每个收益期的预期收益，用适当的____________折现为评估基准日的现值，再将每个收益期的现值累加求和，并以此确定评估价格的一种方法。

4．剩余经济寿命期是指从评估基准日到车辆到达__________的年限。

5．收益现值法能真实和较准确地反映车辆本金化的__________。

6．折现率是将未来预期收益折现成__________的比率。

7．在收益一定的情况下，收益率越________，单位资产的增值率越________，所有者拥有资产价值越________。

8．预期收益额是指被评估车辆在其________________寿命期内的使用过程中，可能带来的年纯收益额。

9．一般来说，折现率应包括________________、________________和通货膨胀率等风险因素。

10．对于买卖双方来说，判断车辆能否带来收益，不仅要看现在的收益能力，更重要的是预测________的收益能力。

二、选择题

1．采用收益现值法评估二手车的价值时，需要确定的三个参数为（　　）。

A．剩余寿命期 n、交易额和折现率

B．剩余寿命期 n、预期收益额和折现率

C．剩余寿命期 n、预期收益额和折旧率

D．剩余寿命期 n、成新率和折现率

2．采用收益现值法评估二手车的主要优点是（　　）。

A．有利于二手车的评估

B．与投资决策相结合，容易被交易双方接受

C．能客观反映二手车目前的市场情况

D．其评估参数直接从市场获取，能反映市场现实价格

3．收益现值就是将被评估车辆在剩余寿命期内的预期收益，按一定的折扣率折现为（　　）。

A．购车日的现值　　　　B．交易日的现值

C．评估基准日的现值　　D．买车日的现值

4．运用收益现值法评估车辆时，其折现率的选择应该（　　）。

A．与银行存款利率无一定关系　　B．等于银行存款利率

C．小于银行存款利率　　D．大于银行存款利率

5．折现率应高于（　　）。

A．折旧率　　B．折扣率

C．无风险利率　　D．成新率

6．在收益现值法中，折现率由（　　）组成。

A．无风险收益率 + 风险报酬率

B．风险报酬率 + 通货膨胀率

C．风险报酬率 − 通货膨胀率

D．无风险收益率 + 风险报酬率 + 通货膨胀率

7．采用收益现值法评估二手车价值时，其主要缺点是（　　），受较强的主观判断的影响较大。

A．计算公式不准确

B．计算复杂

C．机动车剩余使用年限不确定

D．预期收益预测难度大

8．采用收益现值法评估二手车时，难以确定的两个参数是（　　）。

A．折现率和剩余寿命期

B．折现率和银行存款利率

C．预测的预期收益额和折现率

D．预期的收益额和剩余寿命期

三、判断题

1．收益现值法适用于各种使用性质的车辆的评估。（　　）

2．收益现值法的计算实际上就是对被评估车辆未来预期收益进行折现的过程。（　　）

3．为估算方便，常选择企业所得税后利润来反映预期收益额。（　　）

4．折现率越大，折算的现值越多，否则就越少。（　　）

5．用收益现值法评估二手车的价值时，被评估车辆的评估值等于其剩余寿命期内收益的现值之和。（　　）

6．折现率一般不好确定，其应该起码不低于国家银行存款利率。（　　）

7．预期收益额预测难度大，主要受较强的主观判断和未来不可预测因素的影响。（　　）

8．折现率是一种特定条件下的收益率，说明车辆取得该项收益的收益率水平。（　　）

9．运用收益现值法进行评估时，是以车辆投入使用后持续稳定获利为前提条件的。（　　）

10．家用轿车、消防车、救护车等非营运二手车也能用收益现值法评估。（　　）

四、简答题

1．简述收益现值法的适用范围。

2．收益现值法有什么特点？

3．简述运用收益现值法的前提条件。

4．简述收益现值法评估的主要步骤。

5．写出收益现值法评估值的计算公式。

五、计算题

1. 李先生拟购置一辆登记日期为 2016 年 4 月、在用车况良好的载重货车用于物流经营。假定该载重货车全年可使用 300 天，每天平均毛收入为 1 000 元，耗油量为 200 元 / 天，年维修费用为 3 万元，人员劳务费用为 6 万元 / 年，每年的保险及各项杂费支出为 4 万元。假定车辆的使用年限为 10 年，评估基准日期为 2018 年 4 月，试计算该载重货车的评估值。

2. 某公司欲出售一辆旅游客车（19 座以上），该车是某城际线路长途旅游客车。公司欲将客车与线路经营权一同对外转让，线路经营权年限与车辆的报废年限相同。已知该客车于 2014 年 5 月注册登记并投入运营，投资回报率为 10%，预期年均收入为 20 万元，年均运营成本为 6 万元，适用所得税率为 30%，折现率为 10%，评估基准日期为 2018 年 5 月，试评估该车（含线路经营权）的价值。

任务 4　清算价格法

一、填空题

1. 清算价格法是指企业由于破产、抵押、法院扣押或其他原因，要求在一定期限内将车辆__________的情况下，在企业清算之日预期出售车辆可收回快速______________的一种方法。

2. 清算价格往往大大________现行市场价格。

3. 清算价格法受其适用条件的局限，主要用于企业__________、__________、停业清理或个人无还贷能力时要出售的二手车。

4. 抵押是指以所有者__________为抵押物进行融资的一种经济行为，是合同当事人一方用自己的特定__________，向对方保证履行__________的一种担保方式。

5. 清算价格法以具有________________的破产处理文件或抵押合同及其他有效文件为依据。

6. 清算价格法是从车辆______________的角度出发，以车辆快速变现为目的进行评估。

7. 清算价格的计算方法主要有________________、________________和竞价法。

8. 清算价格法在原理上基本与____________法相同。

9. 抵押人不履行合同时，抵押权人____________将抵押资产在法律允许的范围内，从变卖抵押物价款中优先获得赔偿。

10. 现行市价折扣法是指对____________车辆，首先在二手汽车市场上寻找一个相适应的参照物；然后根据____________原则估定一个折扣率并据以确定其清算价格。

二、判断题

1. 清算价格法主要根据二手车技术状况，运用现行市价法估算其正常价格，再根据车辆处置情况和变现要求，乘以一个折扣率，最后确定评估价格。（　　）

2. 企业依法宣布破产，法院以其全部财产依法清偿其所欠债务，不足部分不再清偿。（　　）

3. 提供资产的一方为抵押权人，接受抵押资产的一方为抵押人。（　　）

4. 竞价法是由法院按照法定程序（破产清算），或由卖方根据评估结果提出一个拍卖的底价，在公开市场上由买方竞争出价，价高者得。（　　）

5. 拍卖市场与公平市场是两个完全相同的市场。（　　）

6. 在进行车辆资产清算时，如果企业丧失车辆处置权，出售的一方无讨价还价的可能，则以买方出价决定车辆售价。（　　）

7. 在破产等待评估车辆价格时，可以不考虑清理费用及其他费用。（　　）

8. 拍卖价格与期限有很大关系，一般来说，期限长售价会低一点。（　　）

9. 清算价格法所卖收入不足以补偿出售车辆本身的附加支出总额。（　　）

10．清算价格法是一种主流的价值评估方法，在法院和车主的要求下，才能选择这种方法。 （ ）

三、简答题

1．简述运用清算价格法进行价值评估的流程。

2．在二手车价值评估时，决定清算价格的主要因素有哪些？

3．简述运用清算价格法的前提条件。

4．什么是企业破产？

5．什么是停业清理？

四、计算题

1．一辆公司用帕萨特 2017 款 280 TSI DSG 轿车，因为清偿债务被拍卖。该车至评估基准日已使用 3 年，行驶了 8 万公里，无事故记录，经检车确认该车技术性能良好。试评估该车的清算价格。

2．近期，某法院欲将扣押的一辆中型货车拍卖出售。至评估基准日该汽车已使用 2 年 3 个月，车况良好，无事故记录。试评估该车的清算价格。

模块六　二手车鉴定评估报告的撰写

一、填空题

1. 二手车鉴定评估报告的使用权归____________所有。

2. ________________________是二手车鉴定评估机构在完成鉴定评估工作后，向委托方和二手车鉴定评估主管部门提交的说明二手车鉴定评估过程和结果的书面文书。

3. 二手车鉴定评估结论仅供____________为本项目鉴定评估目的的使用和送交二手车鉴定评估主管机关审查使用，不适用于其他目的。

4. 二手车鉴定评估报告所提供的车辆评估价值为____________的价值，该估价是某一时点市场价值的公允反映。

5. 二手车鉴定评估结果的法律效力时长，即鉴定评估结论的有效期为________天。

6. 二手车鉴定评估报告一般根据____________的要求和二手车鉴定评估业务的具体情况来确定基本内容，包括正文和附件两部分。

7. 按照国家有关规定，二手车鉴定评估应在____________自愿委托的原则下进行，任何鉴定评估机构不得强行进行评估。

8. 在二手车鉴定评估现场查勘过程中，应仔细查勘车辆实际技术状况，包括车辆的配置、受损情况等，并填写二手车________________。

9. 二手车鉴定评估机构对鉴定评估报告承担____________责任。

10. 委托方如对评估结论有异议，可于收到二手车鉴定评估报告之日起________日内向受托方提出，受托方应给予解释。

二、选择题

1. 二手车鉴定评估报告的有效期自（　　）算起。

　A. 评估基准日　　　　B. 付款之日

　C. 提交报告之日　　　D. 报告批准之日

2. 在二手车鉴定评估报告有效期内，评估结果可作为二手车价格的参考依据，超过有效期，原评估结果（　　）。

　A. 继续有效　　　　B. 无效

　C. 仍可作为价格依据　　　D. 无须再评论

3. 二手车鉴定评估车辆作业表应（　　）。

　A. 每车三表　　　　B. 每车一表

　C. 每车二表　　　　D. 每车四表

4. 二手车鉴定评估报告的使用权归（　　）所有。

　A. 委托方　　　　B. 评估机构

C．受托方　　D．评估师

5．二手车鉴定评估目的涉及财产纠纷的，其档案至少应保存（　　）年，法律法规另有规定的，从其规定。

A．3　　B．5

C．8　　D．10

6．二手车鉴定评估档案保存一般不低于（　　）年。

A．3　　B．5

C．8　　D．10

7．鉴定评估基准日即为（　　）。

A．签订二手车鉴定评估委托书日

B．开始鉴定评估日

C．制定二手车鉴定评估作业方案日

D．向委托方送交评估报告书日

8．二手车鉴定评估报告的复核人必须是（　　）。

A．评估机构负责人　　B．参与评估工作的评估师

C．高级二手车评估师　　D．上级主管部门领导

9．下列选项中，（　　）不属于二手车鉴定评估报告的附件。

A．二手车鉴定评估委托书　　B．车辆照片

C．二手车鉴定评估师资格证书复印件　　D．依据的法律文件

10．二手车鉴定评估报告不需要（　　）的签章。

A．评估人员　　B．复核人

C．财务人员　　D．评估机构

三、判断题

1．若涉及企事业单位等国有资产的评估，一定要有协议书、作业表，并需撰写二手车鉴定评估报告。（　　）

2．二手车鉴定评估报告具有公证书的作用。（　　）

3．二手车鉴定评估报告必须有评估机构法人代表的签字。（　　）

4．二手车鉴定评估报告中要写明评估基准日，并且不得更改。（　　）

5．二手车鉴定评估报告送达客户签收，必须要求客户在收到报告后，按送达回证上的要求认真填写，并要求收件人签字确认。（　　）

6．二手车鉴定评估报告不仅反映二手车鉴定评估机构对被评估车辆作价的意见，而且也确认了二手车鉴定评估机构对所鉴定估价的结果应负的法律责任。（　　）

7．在编制二手车鉴定评估报告过程中，不需要与委托方交换意见。（　　）

8．在二手车鉴定评估报告中要简要说明选择评估方法的依据或原因。（　　）

9．在二手车鉴定评估报告中，对于所选择的特殊评估方法，应适当介绍其原理与适用范围。（　　）

10．在二手车鉴定评估报告有效期内，即使二手车市场价格发生变化，也不需要再重新做评估。（　　）

四、简答题

1. 简述撰写二手车鉴定评估报告的步骤。

2. 二手车鉴定评估报告包括哪些基本内容?

3. 二手车鉴定评估报告有什么作用?

模块七　二手车交易

任务 1　二手车收购价格的确定

一、填空题

1．二手车收购估价的主体是________________，它是以购买者的身份与卖方进行的价格估算与洽谈，根据供求价格规律可以讨价还价、自由定价。

2．二手车收购估价是指购买者当事人估算车辆价格，以把握事实真相、心中有数地与卖主讨价还价，它以____________为目的。

3．二手车鉴定估价是指受委托人委托，为被评估对象将要发生的经济行为提供价值依据，它以____________为目的。

4．运用清算价格法确定二手车收购价格在工作原理上与____________法确定二手车收购价格相同。

5．二手车收购价格的确定是指在________________________的前提下对车辆实体价格的确定。

6．二手车收购价格确定的方法主要有重置成本法、现行市价法、清算价格法和________________等。

7．在二手车收购中，若能方便地找到与被收购车辆相同或类似的参照车辆，即可采用____________法来确定二手车的收购价格。

8．二手车的收购是二手车经营主体为方便客户进入二手车交易市场直接购置的前提下，按照客户的要求代为购置的一种________行为。

9．折扣率是指车辆能够当即出售的____________与____________之比值，应根据快速变现的原则固定二手车的折扣率。

10．机动车的折旧是指机动车随着时间的推移或在使用过程中，由于__________而转移到产品中的那部分价值。

二、选择题

1．运用现行市价法确定二手车收购价格时，先以（　　）法对欲收购的二手车进行鉴定评估，估算现时的客观价格，再根据快速变现原则，估定一个折扣率并以此估算的二手车收购价格。

A．重置成本　　　　B．清算价格

C．现行市价　　　　D．收益现值

2．（　　）不属于二手车收购价格确定的方法。

A．重置成本法　　B．现行市价法

C．清算价格法　　D．收益现值法

3．下列关于确定二手车收购价格的叙述中，不正确的是（　　）。

A．应根据其特定的目的确定　　B．以二手车鉴定评估价为基础

C．要充分考虑市场供求关系　　D．要考虑车辆的未来用途

4．运用快速折旧法确定二手车收购价格时，计算二手车年折旧额最常用的方法是（　　）。

A．平均年限法　　B．直线折旧法

C．年份数求和法　　D．余额递减法

5．运用清算价格法确定二手车收购价格时，以（　　）为标准。

A．鉴定评估价格　　B．市场价格

C．清算价格　　D．收益价格

6．二手车收购价格受（　　）的影响，其价格大大低于市场价格。

A．鉴定估价　　B．收购时间

C．快速变现原则　　D．供求关系

7．下列选项中，（　　）不属于二手车收购定价考虑的因素。

A．二手车本身　　B．二手车车辆牌证

C．二手车税费　　D．付款形式

8．二手车收购估价的主体是（　　）。

A．二手车本身　　B．购买者

C．买卖当事人　　D．二手车鉴定评估机构

9．采用年份数求和法或双倍余额递减法计算二手车年折旧额时，（　　）不属于需要考虑的参数。

A．二手车原值　　B．二手车残值

C．折旧年限　　D．行驶里程

10．运用快速折旧法确定二手车收购价格，不需要考虑的项目是（　　）。

A．二手车已使用年数的累计折旧额　　B．重置成本全价

C．二手车维修换件的总费用　　D．二手车日常维护费用

三、判断题

1．二手车收购价格的确定方法是在二手车鉴定评估的基础上充分考虑市场的供求关系，对评估价格做快速变现的特殊处理过程。（　　）

2．二手车收购要充分考虑车辆的完全价值，即车辆实体的产品价值和车辆牌证、税费等各项手续的价值。（　　）

3．运用重置成本法对二手车进行估价，由于车辆的各种贬值，如功能性贬值和经济性贬值难以准确计算，因此，易造成二手车评估价格普遍偏高。（　　）

4．在二手车收购中，要防止收购偷盗车、伪劣拼装车，以及防止收购伪造手续凭证、伪造车辆档案的车辆。（　　）

5．二手车收购价格受到快速变现原则的影响，会大大低于现时市场价格。（　　）

6．折扣率（市场变现系数）的引入是对现行市价法评估结论的修正与完善，考虑经济

性贬值，将其修正到较为符合现时市场价格的结论。 （ ）

7．运用清算价格法确定二手车收购价格主要基于企业或个人迫于停业或破产，需要对所拥有的车辆进行清理。 （ ）

8．一律采用国内清算价格作为被收购车辆的重置成本全价。 （ ）

9．二手车收购估价接受国家有关评估法规的指导，根据估价目的，参照评估的标准和方法进行，具有灵活性。 （ ）

四、简答题

1．什么是二手车收购？

2．简述二手车的收购流程。

3．在实践工作中，确定二手车收购价格主要有哪些方法？

4．二手车收购估价与二手车鉴定估价有何区别?

5．简述运用现行市价法确定二手车收购价格的计算流程。

任务2　二手车销售价格的确定

一、填空题

1．二手车销售是二手车经营主体为方便客户的二手车进入________直接销售，按照客户的要求代为销售二手车的一种经营行为。

2．二手车经销企业在二手车收购与销售经营活动中，二手车的________是决定收入和利润的唯一因素。

3．二手车经销企业在二手车的销售定价时，________是首先必须考虑的基本因素。

4．在市场经济体系下，________是影响确定二手车销售价格的基本因素之一。

5．二手车销售定价时应考虑收购车辆的________，其是由固定成本费用和变动成本费用之和构成的。

6．二手车销售定价策略常用的有________策略、阶段性定价策略、剩余使用寿命周期定价策略和________策略等。

7．二手车销售定价方法中，________定价法被广泛用于二手车销售定价。

8．二手车销售定价方法是________为实现其定价目标所采用的具体方法。

9．二手车销售定价目标是指________通过制定价格水平，凭借价格产生的效用来达到预期目的和要求。

10．二手车销售与其他商品一样，遵守________价格规律。

二、选择题

1．在某二手车供不应求的前提下，应选用（　　）定价法确定该车销售价格。

A．竞争导向　　　　B．成本加成

C．需求导向　　　　D．边际成本

2．在二手车销售定价确定方法中，被企业广泛使用的方法是（　　）定价法。

A．成本加成　　　　B．需求导向

C．竞争导向　　　　D．边际成本

3．下列选项中，（　　）不是以利润为定价目标的形式之一。

A. 预期收益　　B. 收益现值

C. 最大利益　　D. 合理利润

4. 利用成本加成定价法确定二手车销售定价时，下列选项中（　　）不属于变动成本费用。

A. 车辆维护费　　B. 车辆实体价格

C. 车辆维修费　　D. 管理费

5. 二手车流通企业定价目标较多，在确定二手车销售定价目标时，其最高目标是（　　）。

A. 追求利润最大化　　B. 获取适度利润

C. 获取预期投资收益　　D. 保持或扩大市场占有率

6. 在利用成本加成定价法确定二手车销售定价时，下列选项中（　　）不属于固定成本。

A. 厂房租金　　B. 固定资产折旧费

C. 车辆维护费　　D. 管理费

7. 影响二手车销售定价的因素很多，进行二手车销售定价时，下列选项中（　　）不是主要因素。

A. 成本　　B. 利益

C. 需求　　D. 竞争

8. 确定二手车销售定价时，首先考虑选用的是（　　）法。

A. 成本加成　　B. 目标收益

C. 需求导向　　D. 边际成本

9. 按供求规律，当需求大于供给时，二手车销售定价会（　　）。

A. 上升　　B. 下降

C. 不变　　D. 不一定

三、判断题

1. 在二手车销售价格受供求影响而有规律地变动的过程中，不同品牌车型的变动幅度一样。（　　）

2. 只要购车者和二手车经销企业双方通过洽谈，谈妥了相关条件（如二手车销售价格），达成成交意向，双方即可签订二手车交易合同。（　　）

3. 二手车的销售价格如果不能补偿成本，企业的经营活动就难以继续维持。（　　）

4. 在二手车交易过程中，由于二手车的需求弹性较大，故常把价格定得低一些，加成率也应定得低一些，以此实现薄利多销。（　　）

5. 确定二手车销售最终价格要以二手车销售定价策略为指导。（　　）

6. 追求利润最大化的定价目标是二手车流通企业的定价目标之一。（　　）

7. 在确定二手车销售最终价格时，要考虑不同消费心理的心理定价和让利促销的各种折扣定价因素。（　　）

8. 市场环境对制定二手车销售定价策略影响不大。（　　）

9. 竞争导向定价法是指根据市场需求状况和消费者对产品的感觉差异来确定价格。（　　）

10．二手车销售定价必须补偿所消耗的成本费用并保证一定利润的获得；同时，适应市场对该产品的供求变化，能够为购买者所接受。（　　）

四、简答题

1．什么是二手车销售？

2．简述二手车销售价格的确定步骤。

3．影响二手车销售定价的主要因素有哪些？

4．简述二手车的销售流程。

5．简述二手车的定价流程。

任务3　二手车的交易

一、填空题

1．由于国家对车辆实行“户籍”管理，二手车交易属于特殊商品交易，必须在批准的＿＿＿＿＿＿＿＿＿内进行，不能私下交易、买卖。

2．二手车交易包含二手车经销、＿＿＿＿＿＿＿、经纪、＿＿＿＿＿＿＿等经营活动环节。

3．二手车交易市场是指依法设立、为＿＿＿＿＿＿＿提供二手车集中交易和相关服务的场所。

4．二手车经销是指二手车经销企业＿＿＿＿＿、＿＿＿＿＿二手车的经营活动。

5. 签订二手车买卖合同后，必须办理____________或____________变更等交易过户手续。

6. 二手车直接交易是指二手车所有人____________经销企业、拍卖企业和经纪机构将车辆________出售给买方的交易行为。

7. 二手车经纪是指二手车经纪机构以收取________为目的，为促成他人交易二手车而从事________、行纪或者代理等经营活动。

8. 二手车拍卖是指二手车拍卖企业以____________的形式将二手车转让给最高应价者的经营活动。

9. 在二手车交易时，交易双方一定要签订______________。

10. 二手车交易完成后，现车辆所有人应当凭税务机关监制的______________发票，按法律、法规有关规定办理转移登记手续。

二、选择题

1. 二手车交易地点应该是（　　）。

A. 车辆注册登记所在地　　B. 当前车辆所在地

C. 车籍转入车管所所在地　　D. 任何地方

2. 二手车转移登记手续应按照公安部门有关规定在（　　）办理。

A. 原车辆注册登记所在地　　B. 车辆注册登记所在地

C. 网上　　D. 二手车交易市场

3. 二手车流通的重要环节是（　　）。

A. 交易　　B. 置换

C. 二手车鉴定评估　　D. 产权变动

4. 过户发票的过户登记联有效期为（　　）个月。

A. 1　　B. 2

C. 3　　D. 4

5. 因二手车买卖合同发生争议，由当事人协商或调解解决，但协商或调解不成的，通过（　　）方式解决。

A. 由二手车市场协商

B. 提交仲裁委员会或依法向人民法院起诉

C. 由第三方参与协商

D. 由政府机关部门出面协商

6. 已注册登记机动车的所有权发生转移，且原机动车所有人和现机动车所有人的住所在同一车辆管理所管辖区内的，现机动车所有人应当于车辆所有权转移之日起（　　）日内，到机动车管辖地车辆管理所申请办理过户登记手续。

A. 7　　B. 10

C. 15　　D. 30

7. 现机动车所有人于住所迁出或者机动车所有权转移之日起（　　）日内，向机动车管辖地车辆管理所申请办理转出登记手续。

A. 10　　B. 15

C．30　　　　D．60

8．二手车个人直接交易和通过二手车经纪机构进行二手车交易，需在（　　）办理交易过户手续。

A．公安车辆管理部门　　　　B．经纪机构

C．二手车评估机构　　　　D．二手车交易市场

9．机动车的所有权发生转移且现机动车所有人的住所不在原车辆管理所管辖区内，并已在原车辆管理所办理了转出登记，现机动车所有人应当自办理转出登记之日起（　　）日内，向机动车管辖地车辆管理所申请转入登记手续。

A．10　　　　B．15

C．30　　　　D．90

10．二手车交易合同的标的是（　　）。

A．被交易的二手车　　　　B．车主

C．二手车评估机构　　　　D．二手车评估师

三、判断题

1．二手车直接交易应当在二手车交易市场进行。（　　）

2．二手车交易市场经营者和二手车经营主体应当依法经营和纳税，遵守商业道德，接受依法实施的监督检查。（　　）

3．在二手车交易过程中，二手车卖方应当拥有车辆的所有权或者处置权。（　　）

4．在二手车交易过程中，出售、拍卖无所有权或者处置权的车辆，无须承担相应的法律责任。（　　）

5．二手车交易完成后，卖方应当及时向买方交付车辆、号牌及车辆法定证明、凭证。（　　）

6．二手车所有人委托他人办理车辆出售的，不需要与受托人签订委托书。（　　）

7．二手车经销企业销售二手车时应当向买方提供质量保证及售后服务承诺，并在经营场所明示。（　　）

8．过户转移登记一般要在卖方身份证记载地址辖区内的车辆管理分所进行。（　　）

9．二手车买卖合同既是二手车交易的凭证，又是付款的重要依据。（　　）

10．对交易违法车辆的，二手车交易市场经营者和二手车经营主体不应承担连带赔偿责任和其他相应的法律责任。（　　）

四、简答题

1．进行二手车交易时，主要有哪些车辆法定证明、凭证？

2．简述二手车交易的基本流程。

3．在二手车交易过程中应遵循哪些行为规范？

4. 什么是二手车交易市场?

5. 什么是二手车经纪?

任务4　二手车置换服务

一、填空题

1. 通常，汽车置换即汽车以________换________，是有车用户根据自身的需要，购买新车时用_________的价值直接冲抵________的部分车款而换购新车的业务。

2. 二手车置换大致可分为____________新旧车的置换、________________新旧车的置换以及不限品牌新旧车的置换。

3. 二手车经营行为包括二手车____________、二手车经销、二手车拍卖、二手车经纪、二手车租赁及二手车鉴定评估等。

4. 从广义上来讲，二手车置换是指在____________业务的基础上，同时兼容二手车整新、跟踪服务、________________乃至分期付款等项目的一系列业务组合。

5. 购买同一汽车厂商或同一经销商的新车，置换的二手车________品牌。

6. 汽车4S店通过置换购买新车，为客户提供全程一站式二手车置换服务，从二手车的____________、报价、过户，到新车的________、上牌，不用车主去办理各种烦琐的手续，所有手续都由________代办。

7. 随着二手车交易市场活跃度的提升，我国二手车市场正在由____________的形式向____________进行正规化转变。

8．顾客如需贷款购买新车，则置换二手车的钱款可作为新车的＿＿＿＿＿＿＿。

9．买卖双方签订二手车购销协议以及置换协议后，汽车销售店或汽车品牌专卖店代办二手车＿＿＿＿＿＿手续，顾客提供必要的协助和＿＿＿＿＿＿所需材料。

10．各大汽车制造厂商开展相应品牌二手车置换业务，不仅发挥了品牌效应，增强了消费者对品牌的＿＿＿＿＿＿＿，还通过同品牌二手车置换到跨品牌置换，丰富了二手车品种，增加了消费者的＿＿＿＿＿＿＿。

二、判断题

1．汽车品牌经销商的二手车置换业务属于二手车经销行为。（　　）

2．汽车4S店只能进行同品牌的二手车置换。（　　）

3．二手车置换是汽车制造厂商介入二手车交易业务的主要形式，并利用其分布于全国的售后服务网点以及4S专卖店对收购的二手车进行检测、整修、认证、重新定价后再出售。（　　）

4．在二手车置换时，如果二手车贷款尚未还清，可由汽车经销商或汽车品牌专卖店垫付还清贷款，款项计入新车需交钱款之中。（　　）

5．二手车置换同一汽车厂商的新车，确定旧车价格，经双方认可后，置换二手车的钱款可直接冲抵新车的价格。（　　）

6．二手车置换时，可不用签订二手车购销协议及置换协议。（　　）

7．直系亲属间进行二手车置换，办理置换业务时不需要提供证明材料（户口簿等）。（　　）

8．公车置换时，如公司已更名，须提供官方的更名文件或其他能够满足条件的证明文件。（　　）

9．二手车置换过程中，若客户需办理贷款业务，汽车销售店或汽车品牌专卖店的销售顾问应协助顾客办理购车贷款手续，并建立提供因汽车消费信贷所产生的资信管理服务，建立个人资信数据库。（　　）

10．二手车置换时不需要对二手车进行技术状况鉴定。（　　）

三、简答题

1．简述二手车的置换流程。

2. 二手车市场常见的置换方式有哪几种？

3. 办理家用二手车置换业务时，需要提交哪些有效证件？

4. 办理公车置换业务时，需要提交哪些有效证件？

5. 二手车置换服务包含哪些内容？

综合试卷（一）

一、填空题（每空 1 分，共 20 分）

1. 对于已注册登记的机动车，机动车登记证书灭失、丢失或者损毁的，机动车所有人应当向__________车辆管理所申请补领、换领。

2. 多车事故是指________以上的汽车在____________中发生碰撞。

3. 二手车交易后，原为运营车辆，交易后改为私家车，其规定使用年限按________执行。

4. 承载式车身没有__________，发动机、变速器、悬架系统等总成__________安装在________上，整车重量和路面载荷主要由________结构承载。

5. 车辆营运证是从事____________经营活动的车辆的合法凭证。

6. 二手车鉴定评估业务按照鉴定评估服务对象不同，分为________业务和__________业务两种。

7. 在二手车鉴定估价实践中，____________法具有收集资料信息便捷、简单易行、评估结果贴近二手车的实际价格等特点，是二手车鉴定评估的常用方法。

8. 机动车登记证书是证明机动车办理了法定____________的文件。

9. 被评估车辆的陈旧贬值主要包括____________、____________和____________。

10. 保险公司在对水淹车定损时，对车厢内未进水（或少量进水，仅表现为潮湿）情况的水淹车，定级为________级水淹车。

11. 车辆购置税的应纳税额按照应税车辆的计税价格乘以税率计算，车辆购置税的税率为________。

12. 以欺骗、贿赂等不正当手段办理补、换领机动车号牌的，公安机关交通管理部门处以____________或者____________以下罚款。

二、单项选择题（每题 1.5 分，共 30 分）

1. 二手车个人直接交易和通过二手车经纪机构进行的二手车交易，需在（　　）办理交易过户手续。

A. 公安车辆管理部门　　B. 经纪机构

C. 二手车评估机构　　D. 二手车交易市场

2. 下列选项中，（　　）不属于二手车买卖交易中的车辆相关凭证。

A. 机动车行驶证　　B. 驾驶证

C. 机动车登记证书　　D. 车辆保险单

3. 对拟交易车辆本身进行合法性查验时，下列选项中，（　　）不属于查验项目。

A. 是否为走私、非法拼（组）装车辆

B．是否为通过盗窃、抢劫、诈骗等违法犯罪手段获得的车辆

C．是否为抵押期间或海关监管期间的车辆

D．是否为大修车辆

4．采用重置成本法评估二手车时，一般使用的是（　　）。

A．折旧成本　　B．更新重置成本

C．复原重置成本　　D．税后成本

5．下列选项中，（　　）是判断车辆事故状况必须检查的项目。

A．发动机是否大修　　B．车体是否周正

C．变速器是否大修　　D．车桥是否大修

6．汽车的无形损耗是因为（　　）。

A．缴纳车辆购置税　　B．缴纳保险税

C．缴纳公路养路费　　D．有性能提升、价格下降的新车型推出

7．二手车的合法手续证明一般不包括（　　）。

A．车辆来历证明、机动车行驶证

B．机动车登记证书、车辆号牌、车辆运输证

C．车辆购置税、机动车交强险标志

D．交通事故处理意见书

8．旅游客运车辆的使用年限为（　　）年。

A．8　　B．6

C．10　　D．12

9．下列对车辆转入的叙述中，不正确的是（　　）。

A．剩余使用年限不足 1 年的车辆不能转入

B．出过严重交通事故的车辆不能转入

C．出租车不能转入

D．曾经从事过出租的车辆不能转入

10．办理注销登记时，不收回（　　）。

A．机动车驾驶证　　B．机动车号牌

C．机动车行驶证　　D．机动车登记证书

11．下列选项中，（　　）不被允许。

A．更换车身颜色　　B．更换车主姓名

C．更换上牌日期　　D．贴太阳膜

12．我国政府有关部门发布了《车辆识别代号（VIN）管理规则》，规定（　　）之后，适用范围内的所有新生产车辆必须使用车辆识别代号。

A．1999 年 1 月 1 日　　B．2000 年 1 月 1 日

C．2001 年 1 月 1 日　　D．2002 年 1 月 1 日

13．在二手车评估时，查验税费凭证主要是指车辆在（　　）环节征收的税、费凭证。

A．生产　　B．销售

C．使用　　D．维修

14．按一般碰撞损伤的顺序，承载式车身结构最先出现（　　）变形。

A．弯曲　　　　B．扩宽

C．扭曲　　　　D．褶皱

15．（　　）是汽车在存放使用过程中，由于物理和化学原因而导致车辆实体发生的价值损耗，即因为自然力的作用而发生的损耗。

A．有形损耗　　　　B．无形损耗

C．实体性贬值　　　　D．经济性贬值

16．应用市场价格比较法评估二手车的价格，其必要条件是（　　）。

A．公平和有效市场　　　　B．任何市场均可

C．公平市场　　　　D．有效市场

17．二手车鉴定评估报告的复核人必须是（　　）。

A．评估机构负责人　　　　B．参与评估工作的评估师

C．高级二手车评估师　　　　D．上级主管部门领导

18．因二手车买卖合同发生争议，由当事人协商或调解解决，但协商或调解不成的，通过（　　）方式解决。

A．由二手车市场协商

B．提交仲裁委员会或依法向人民法院起诉

C．由第三方参与协商

D．由政府机关部门出面协商

19．下列合同纠纷的解决方式中，（　　）不需要第三方介入。

A．诉讼　　　　B．仲裁

C．协商解决　　　　D．调解解决

20．凡销往外城市的二手车，交易完成后，除了需要办理转出登记外，还需要办理（　　）登记。

A．过户　　　　B．变更

C．转出　　　　D．转入

三、判断题（每题1分，共10分）

1．国家税务机关监制的全国统一的二手车交易专用发票是唯一有效的二手车来历凭证。（　　）

2．汽车品牌经销商的二手车置换业务属于二手车经销行为。（　　）

3．按照相关法规，没有办理机动车交通事故责任强制险的二手车也可以交易。（　　）

4．对交易违法车辆的，二手车交易市场经营者和二手车经营主体不应承担连带赔偿责任和其他相应的法律责任。（　　）

5．同城转移登记只需要更改车主姓名（单位名称）和住所等资料，机动车及机动车号牌可以不变更。（　　）

6．二手车鉴定评估机构和人员可以按国家有关规定从事涉案、事故车辆鉴定等评估业务。（　　）

7．二手车技术状况静态检查的内容主要是二手车静态识伪检查。（　　）

8．经过严重撞击，损伤到发动机舱和驾驶舱的车辆不属于事故车。（　　）

9．二手车的实体性贬值是因为科学技术的进步造成车辆的功能和使用性能相对落后，从而引起车辆价值下降。（　　）

10．二手车交易完成后，卖方应当及时向买方交付车辆、号牌及车辆法定证明、凭证。（　　）

四、简答题（共 40 分）

1．二手车鉴定评估有什么特点？（9 分）

2．什么是二手车成新率？（5 分）

3．申请机动车注册登记时，哪些情形下不予办理注册登记？（10 分）

4. 什么是运用快速折旧法？其二手收购价格如何确定？（8 分）

5. 什么是二手车经纪？（4 分）

6. 对二手车进行技术状况鉴定过程中，车身检查包括哪些项目？（4 分）

综合试卷（二）

一、填空题（每空1分，共20分）

1. 在二手车交易中，查验被评估车辆产权的证件是________________。

2. 机动车行驶证是由公安机关交通管理部门的____________对机动车注册登记后核发的，准予机动车在____________道路上行驶的法定证件。

3. 第一次进行二手车交易的车辆，其来历凭证是指经国家工商行政管理部门验证盖章的、全国统一的________________。

4. 二手车鉴定评估____________是受托方与委托方对各自权利责任和义务的协定，是一项经济合同性质的契约。

5. 二手车经纪机构接受委托购买时，双方应签订____________。

6. 撰写________________________是完成二手车鉴定评估工作的最后一道工序，也是二手车鉴定评估工作中的一个很重要的环节。

7. 二手车税费保险凭证主要包括________________________、养路费缴付凭证、车船税缴付凭证、____________等。

8. 查验可交易车辆，主要是查验车辆的____________。

9. 汽车零部件功能的下降和受损有两方面原因，一是随着汽车____________的增加，各零部件、总成的功能会有不同程度的下降；二是在________________中，由于碰撞产生的撞击力使部分零部件或总成丧失部分或全部功能。

10. 积水完全没过发动机舱盖，几乎所有车内电器设备都受到积水影响的水淹车属于__________级水淹车。

11. 二手车的外观检查主要包括鉴别________车辆、检查____________、检查发动机舱、检查____________、检查车内电气设备状况、检查车辆底盘及检查功能性零部件等内容。

12. 二手车成新率是反映二手车____________的指标。

13. 二手车鉴定评估报告所提供的车辆评估价值为____________的价值，该估价是某一时点市场价值的公允反映。

14. 机动车保险凭证是____________发给____________以证明保险合同已经订立或保险单已经签发的一种凭证。

二、单项选择题（每题1.5分，共30分）

1. 采用收益现值法评估二手车的主要优点是（　　）。

A. 有利于二手车的评估

B. 与投资决策相结合，容易被交易双方接受

C. 能客观反映二手车目前的市场情况

D．其评估参数直接从市场获得，能反映市场现实价格

2．决定能否使用重置成本法的关键因素是（　　）。

A．能否获得二手车交易市场参考价格

B．能否查询到相同车型新车的市场报价

C．二手车的未来收益可以预测

D．交易必须在受迫的条件下进行

3．用（　　）评估二手车价值时，主要是从卖者角度考虑的。

A．重置成本法　　B．收益现值法

C．现行市价法　　D．清算价格法

4．对于现行市价法，下列关于二手车交易的可比性叙述中不正确的是（　　）。

A．参照的二手车在近期市场上交易过

B．参照的二手车型号及使用年限相同

C．与参照的二手车比较的指标、技术参数资料可收集

D．价值影响因素明确，可以量化

5．（　　）是我国首个由国家法律规定实行的强制性保险制度。

A．车辆损失险　　B．第三者责任险

C．车辆盗抢险　　D．交强险

6．（　　）不是影响汽车经济性使用寿命的主要因素。

A．汽车的损耗　　B．使用条件

C．使用强度　　D．大修次数

7．小微型出租客车的报废年限为（　　）年。

A．8　　B．10

C．15　　D．20

8．如果国家提高汽车排放标准要求，实施欧Ⅵ排放标准，原来执行欧Ⅴ排放标准的在用车就会因此贬值，这种贬值属于（　　）。

A．经济性贬值　　B．一次性功能贬值

C．营运性功能贬值　　D．实体性贬值

9．下列指标中，不属于汽车制动性能指标的是（　　）。

A．制动效能　　B．制动时的方向稳定性

C．加速时间　　D．制动抗热衰退性

10．如果发现机油的颜色变灰、变白或有乳化现象，说明（　　）。

A．机油中混入水　　B．烧机油

C．机油长时间没有更换　　D．机油中杂质多

11．对于承载式车身结构，下列选项中的（　　）可能是通过点焊安装的。

A．发动机舱盖　　B．车门

C．翼子板　　D．保险杠

12．车辆的17位VIN码经过排列组合，结果使车型生产在（　　）年之内不会发生重号现象。

A．50　　B．40

C．30　　D．20

13．揭开车辆地毯，发现底板有明显的焊接痕迹，说明车辆可能（　　）。

A．出过交通事故　　B．使用年限较长

C．失过火　　D．被偷盗过

14．汽油机排气颜色为蓝色，说明（　　）。

A．混合气过浓或点火时刻过迟，造成燃烧不完全

B．冷却液温度过低

C．有机油窜入气缸燃烧室内参与燃烧

D．以上选项都不对

15．一辆二手车的重置成本价格是指（　　）。

A．二手车的售卖价格　　B．二手车的收购价格

C．现行公开市场上的新车价格　　D．二手车的拍卖价格

16．对汽车做动态检测时，下列选项中不属于路试检测项目的是（　　）。

A．轮胎磨损程度　　B．滑行情况

C．加速性能　　D．制动性能

17．二手车买卖合同发生争议，（　　）不属于正确的解决方式。

A．诉讼　　B．协商

C．仲裁　　D．单方处理

18．二手车鉴定评估报告的有效期为（　　）。

A．8 个月　　B．90 天

C．1 年　　D．200 天

19．使用 2 年的帕萨特 1.8 L 私人生活用车，交易后转为出租车，按照国家有关法规，其规定剩余使用年限为（　　）年。

A．10　　B．7

C．6　　D．14

20．车辆识别代码第一位通常表示（　　）。

A．国家　　B．地理区域

C．制造厂商　　D．车型类别

三、判断题（每题 1 分，共 10 分）

1．人民法院出具的发生法律效力的判决书、裁定书、调解书可以作为二手车来历凭证。（　　）

2．国家法律、行政法规禁止经营的车辆，不能进行交易。（　　）

3．来历证明被涂改或者机动车来历证明记载的机动车所有人与身份证明不符的机动车，申请机动车注册登记时，属于不予办理注册登记的情形之一。（　　）

4．重置成本是购置一辆全新的与被评估车辆相同的车辆所支付的最高成本，它反映了车辆在购置、运输、注册、登记等过程中的全部费用。（　　）

5．二手车直接交易应当在二手车交易市场进行。（　　）

6．二手车销售价格是决定二手车经销企业收入和利润的唯一因素。（　　）

7．发动机功率与海拔有密切关系，海拔越高，发动机功率下降越多。（　　）

8．汽车水箱及水箱支架被撞伤，经修复或更换后该车不属于事故车。（　　）

9．二手车鉴定评估机构和人员可以按国家有关规定从事涉案、事故车辆等评估业务。（　　）

10．在二手车收购评估中，收购评估的主体是买卖当事人。（　　）

四、简答题（共 40 分）

1．二手车鉴定评估有哪些组成要素？（6 分）

2．在二手车价值评估时，决定清算价格的主要因素有哪些？（6 分）

3．计算成新率的方法有哪几种？（3 分）

4．二手车技术状况动态检查主要有哪些内容？（8 分）

5. 二手车经营交易的主体是什么？有哪些二手车经营行为？（9 分）

6. 二手车鉴定评估时，一般有哪些评估目的？（8 分）